Rém

OBJECTIF PLUME

Comment écrire un discours, construire un message et convaincre un auditoire

ISBN version imprimée : 979-1094196045
ASIN version numérique : B01BMOE86E

SOMMAIRE

Introduction

Que voulez-vous dire ?

N'avez-vous jamais été contraint d'écouter quelqu'un qui parle pour ne rien dire ? Cette sensation d'ennui et de néant est particulièrement désagréable, surtout quand on n'est pas en mesure d'interrompre celui qui s'écoute parler ! C'est pourquoi vous devez vous interdire d'infliger ce supplice à celles et ceux qui vous consacrent du temps.

La bonne nouvelle, c'est que le livre que vous tenez entre les mains contient toutes les clés pour préparer des discours efficaces, en mettant la forme au service du fond. Mais bien sûr, même avec 1001 astuces pour rédiger des interventions percutantes, il ne faut pas négliger le fond… Avant même de parler, il faut donc savoir ce que vous allez dire.

Et à moins d'être une personnalité politique de haut rang ou un *top manager* dans un grand groupe, vous devrez probablement écrire vous-même votre discours. Personne ne vous demande d'avoir la plume de Marcel Proust ou de Victor Hugo, mais la maîtrise des règles de conjugaison et de syntaxe est un minimum. Néanmoins, la vérité est ailleurs : une figure de style peut faire plaisir à dire et à entendre à condition qu'elle soit au service d'un message. C'est la règle d'or.

Un discours porte un message.
Pas de message = pas de discours.

En partant de cette équation, ce livre propose toutes les méthodes nécessaires pour identifier le message à porter, construire le plan de votre intervention, raconter une histoire convaincante, trouver votre style et rédiger un discours dont on se souviendra. Après, si la simple idée de parler en public vous donne des sueurs froides et que cette boule au ventre qu'on appelle le trac vous est familière, votre enthousiasme ne doit pas être débordant... et c'est une raison supplémentaire pour soigner la préparation !

D'ailleurs, l'idée de ce livre est née au fil de différentes rencontres avec des élus et des chefs d'entreprises qui sollicitaient mes services de coach ou de plume. Leur motivation pour me rencontrer était souvent la même : « *je ne sais pas parler en public, j'ai besoin d'aide.* » Puis en décortiquant la situation, la base de travail devenait plutôt la suivante : « *je dois faire un discours mais je ne sais pas quoi dire.* » Vous admettrez que ce n'est plus du tout la même chose !

En effet, la plupart des gens savent tout à fait s'exprimer en public. C'est ce que vous faites avec vos collègues devant la machine à café, avec vos enfants devant la table du diner, avec vos amis en partageant un goûter, avec votre famille lors de différentes festivités. Certes, ce n'est pas exactement la même chose de parler devant 5 personnes que l'on connaît ou devant 500 personnes que l'on ne connait pas, mais globalement, il s'agit quand même de la même activité : utiliser vos cordes vocales pour transmettre un message ou une idée.

Bien sûr, la différence entre les deux situations tient souvent au niveau de stress et à l'importance de l'enjeu. Et le secret réside alors dans une bonne préparation. Comme un boxeur qui s'entraine des mois durant pour préparer un combat, comme un chanteur qui répète son spectacle des dizaines de fois avant de partir en tournée. Vous devez préparer votre intervention avec soin.

Cela implique de se mettre dans la peau d'un auteur, d'identifier l'objectif de votre discours, de choisir le bon message en fonction de votre auditoire, de trouver le style adéquat selon le contexte, d'être convaincu par ce que vous dites, de rédiger un plan pour structurer votre texte, de surmonter les éventuelles difficultés que vous allez rencontrer et d'user de ruse pour convaincre vos auditeurs...

Une montagne à gravir ? Pas vraiment. Vous verrez, vous serez en bonne voie vers le sommet dans une douzaine de chapitres. Bonne lecture !

Chapitre 1

Ecrire pour soi... ou pour un autre

Ecrire un discours est souvent un exercice personnel, qui se présente à l'occasion d'un mariage ou d'une étape professionnelle charnière. Il convient alors de se demander ce qu'on a envie de dire... mais aussi comment on veut le dire. Car trouver qu'une formulation « sonne bien » ne veut pas dire qu'elle sonnera bien dans votre bouche ni que vous ferez grande impression en l'employant. Il faut donc se projeter immédiatement dans la lumière et se mettre en situation pour se poser les bonnes questions.

Parfois, l'exercice est d'une autre nature : il s'agit d'écrire un discours pour quelqu'un d'autre. Cela peut être un ami, un patron, un cousin, un client... Le cas échéant, la question n'est plus de savoir ce que vous souhaitez dire mais bien ce que le locuteur peut et veut exprimer en étant à la fois à l'aise avec lui-même et crédible pour son auditoire.

Dans un cas comme dans l'autre, ce premier chapitre vous aidera à vous mettre dans la peau d'un auteur.

Se projeter dans la lumière

Quand on doit écrire un discours en prévision d'un événement important, un désir bien légitime nous envahit : nous voulons faire bonne impression. Et pour cela, nous cherchons évidemment des citations inspirantes, des formulations percutantes, des métaphores surprenantes… Nous surfons des heures sur Internet, nous demandons des idées à notre entourage, nous feuilletons des ouvrages sur les grands discours d'illustres personnages. Mais est-ce vraiment la bonne façon de procéder ? A vrai dire, pas vraiment.

Bien sûr, il n'est jamais inutile de faire des recherches et de se documenter mais la super-idée de votre pote qui vous explique que « *t'as qu'à dire que…* » est rarement la meilleure option qui s'offre à vous. En effet, il ne suffit pas qu'une expression ou qu'un jeu de mot vous semble efficace sur le papier pour vous donner l'allure d'un orateur de talent au moment de la prononcer. N'oubliez jamais de prendre en compte le contexte, la composition de votre auditoire et votre propre personnalité pour évaluer la pertinence d'une tournure de phrase.

La façon la plus simple de trier le bon grain de l'ivraie au moment de préparer votre intervention consiste tout simplement à vous « projeter dans la lumière » en vous imaginant sur scène le jour J. Au moment de choisir telle ou telle formule, avant même d'imaginer l'effet qu'elle produira sur vos auditeurs, tâchez de vous représenter l'effet qu'elle aura sur vous. Vous sentez-vous à l'aise ou plutôt pompeux, arrogant, grossier, lourdingue ? Si vous venez de répondre « oui » à l'un de ces quatre adjectifs, mieux vaut chercher une autre façon de dire les choses...

Et si vous êtes à l'aise avec la formulation choisie, imaginez maintenant l'effet qu'elle produira sur votre assistance. Pas en tant que masse indifférenciée, cela n'a pas grand intérêt ; il s'agit plutôt de s'intéresser à chaque individu que vous aurez devant vous. Avez-vous vraiment envie d'employer ces termes devant votre mère, votre patron, vos enfants, votre meilleur ami ? Assurez-vous toujours de ne blesser personne et de ne pas heurter la sensibilité de vos auditeurs, cela vous évitera bien des désagréments, aussi bien pendant qu'après votre prestation.

La posture de la plume

Autre cas de figure : qu'il s'agisse d'une mission ponctuelle ou d'une fonction professionnelle récurrente, il arrive que l'on doive rédiger un discours pour quelqu'un d'autre. C'est le lot commun des assistants parlementaires, des collaborateurs de cabinet et des chargés de mission auprès des grands patrons. Et cela devient même une prestation courante pour de plus en plus de coachs et consultants en communication...

La question qui se pose alors n'est plus de savoir si vous pensez que telle phrase fera son petit effet mais si votre boss (ou client) sera non seulement d'accord pour l'employer mais surtout à l'aise en l'employant. Cela signifie qu'il faut prendre en compte son statut social, son éducation et sa personnalité mais aussi son aisance oratoire, sa position dans l'espace public et ses habitudes verbales.

Le second réflexe de vous poser la même question que si vous étiez vous-même l'orateur final : au-delà du trait d'esprit sur le papier, quel effet produira votre texte sur les auditeurs ? Et la question suivante, toute aussi importante : cet effet est-il l'effet recherché par celui ou celle qui vous emploie ? Vos opinions personnelles et politiques importent alors assez peu, vous devez vous mettre au service du discours que vous rédigez et non mettre ce discours au service de vos idées.

En devenant la plume de quelqu'un d'autre, vous devez adopter une posture d'humilité. L'objectif n'est plus d'écrire le texte qui vous fera passer pour la personne la plus intelligente ou la plus sympathique possible mais de concevoir un discours au service du message et des objectifs de la personne qui le prononcera. Il peut arriver que le message ne vous convienne pas à 100% ou que vous trouviez l'objectif un peu faiblard voire contre-productif mais votre mission n'est plus d'en juger. Votre job consiste à atteindre l'objectif fixé, ce qui implique bien sûr de valoriser le message et de l'adapter au contexte mais aussi de trouver le bon ton et le bon style afin de coller à la personnalité de votre boss.

Trouver la voix de l'autre

Qu'on soit à l'aise ou non avec l'écriture en général, remplir sa première mission en tant que plume ou *ghostwriter* pose un défi majeur : écrire avec la voix de quelqu'un d'autre. Il faut donc vous astreindre à 3 étapes simples (mais pas toujours si faciles...) pour enfiler le costume de votre client.

- **Etape n°1 : écouter**

La façon la plus simple et la plus efficace d'écrire avec la voix de quelqu'un d'autre est tout simplement d'écouter comment « parle » cette personne... y compris sur des supports écrits ! Assistez à ses discours, regardez et/ou lisez ses interviews, relisez ses productions précédentes, discutez avec elle en posant des questions très ouvertes pour l'inciter à parler plus longuement...

Et surtout, prenez des notes ! On reconnait souvent un auteur à certains mots, certaines expressions, certaines tournures de phrases, une manie de citer tel ou tel auteur, une anecdote récurrente, etc. Vous pourrez ainsi relire vos notes à voix haute pour voir comment ça sonne et comment vous pouvez intégrer l'ensemble dans votre texte.

- **Etape n°2 : écrire**

Une fois que vous commencez à reconnaitre les expressions et les habitudes de langage de votre client, il faut commencer à écrire. Passer à l'action, c'est le point essentiel ! Tant que vous ne vous y mettrez pas, vous ne saurez pas si vous arrivez à bien transcrire sa façon de s'exprimer. Et ne vous contentez pas de votre texte brut, éditez-le ensuite en le lisant à haute voix, notamment en ce qui concerne les enchainements, les comparaisons, les idiomes…

N'attendez pas que la perfection tombe du ciel, cela n'arrivera pas. Les excuses pour ne pas travailler du type « *je suis plus efficace quand je m'y mets au dernier moment* » ne convaincront personne, et surtout pas celui ou celle pour qui vous tenez la plume ! L'idéal est donc d'écrire promptement une première trame de discours et d'avoir un retour rapide pour voir les points sur lesquels vous devez travailler. Ne craignez pas de faire plusieurs allers-retours ou de demander l'avis de proches de votre client. L'important, ce n'est pas d'y arriver du premier coup pour montrer à quel point vous êtes doué, c'est que le texte final ressemble à son auteur officiel.

- **Etape n°3 : s'adapter**

Enfin, il faut vous y préparer si vous voulez en faire profession : les retours que vous recevrez de vos premiers clients peuvent être assez perturbants voire assez frustrants. On vous demande de supprimer la super-métaphore que vous pensiez avoir trouvée, on vous explique que telle idée est très mal formulée… Mais peu importe, ne vous attachez pas à vos propres mots ; l'auteur, ce n'est plus vous, c'est votre client.

N'oubliez pas qu'en matière de consulting ou de collaboration politique (par exemple en tant que collaborateur de cabinet), c'est celui qui tient le chéquier qui décide. Si votre client ou votre patron vous demande instamment de ne pas utiliser tel mot ou telle expression, vous devez supprimer toutes les occurrences qui se trouvent dans le texte, point barre.

Ce qu'il faut intégrer, c'est que le texte final ne sera pas un présentoir pour votre talent mais un support pour le message de celui qui vous paye. Ce n'est sans doute pas pour rien que les Anglo-Saxons utilisent le terme de *ghostwriter* : tel un fantôme, vous devez disparaitre derrière les besoins de votre auteur.

Et si votre client retouche tout ? Là encore, il faut apprendre à faire avec. Certains clients retoucheront à peine votre texte, d'autres le réécriront presque de A à Z. J'en conviens, travailler avec les premiers est bien plus agréables qu'avec les seconds... mais c'est ainsi.

Plus pernicieux, vous aurez aussi ceux qui vous disent « *c'est génial* » puis réécrivent tout, et d'autres qui vous disent « *je vais tout réécrire* » puis changent finalement trois mots. Mais peu importe, l'important est que chacun y trouve son compte. Surtout votre commanditaire.

Et ne vous inquiétez pas pour la suite : travailler avec un client devient toujours plus facile avec le temps puisque vous maitrisez de mieux en mieux sa façon de s'exprimer, ses tournures de phrases préférées, etc. Quant à vos angoisses sur une question de synonyme ou de formule transitoire, c'est normal... C'est le métier qui rentre, comme on dit !

Chapitre 2

Définir le bon objectif

Chaque discours est unique. Même si vous répétez le même message, vous ne direz pas la même chose lors d'une réunion syndicale ou lors d'un conseil d'administration, lors d'une cérémonie des vœux ou lors d'un comité de direction. Les enjeux ne sont pas les mêmes, et les objectifs poursuivis sont probablement différents.

C'est devenu une tarte à la crème des consultants en communication : entre ce que vous voulez dire, ce que vous dites, ce que l'auditoire entend, ce que chaque auditeur comprend, ce que l'ensemble va retenir, il y a souvent bien des écarts. On considère, en général, que le locuteur perd un tiers de son idée en la prononçant, et que l'auditeur en perd un autre tiers en l'entendant. Bilan de l'opération : seulement un tiers de votre message sera entendu. Alors pour ce qui est d'être retenu…

Afin d'optimiser malgré tout votre effort de communication et passer outre les différents filtres cognitifs, identifiez d'abord le type de discours que vous prononcez, puis définissez clairement l'objectif que vous poursuivez. Enfin, choisissez le message adapté.

Si des modèles de discours sont faciles à élaborer en fonction des occasions qui se présentent, il est important de ne pas tout mélanger : on ne s'adresse pas de la même façon à un employé qui part en retraite qu'à un délégué syndical vindicatif, tout comme on ne tient pas les mêmes propos devant un conseil d'administration que devant une salle de presse…

En fonction de vos interlocuteurs, du motif de votre discours et des objectifs que vous poursuivez en le prononçant, votre intervention peut varier du tout au tout. Ne commettez pas l'erreur de dire ce que vous souhaitez dire parce que cela vous fait plaisir ou parce que cela vous fait du bien. Identifiez le but de votre prise de parole, et préparez votre discours en conséquence.

Un discours porte un message

Un discours porte un message, et c'est déjà bien suffisant. Soyez conscient que votre auditoire n'attend de vous ni que vous fassiez preuve d'une grande technicité lors de votre intervention, ni que vous fassiez preuve d'exhaustivité sur le sujet dont vous parlez : vous n'êtes pas un universitaire et un discours n'est pas un exposé !

Oubliez le plan académique avec thèse, antithèse et synthèse, car c'est le meilleur moyen d'endormir vos auditeurs. Chaque discours est unique au sens où vous intervenez à chaque fois dans le but de porter un nouveau message dans un nouveau contexte ; même si vous répétez une idée, il y a de fortes chances pour que la situation globale ait changé…

Par ailleurs, même si vous faites partie des chanceux qui peuvent parler longtemps sans se fatiguer, les capacités d'écoute et d'attention sont humainement limitées. Avoir un seul message permet de mieux le faire passer, y compris (et surtout) si votre tactique oratoire consiste à le répéter.

Bien sûr, vous pouvez prévoir des messages secondaires, mais ils doivent avoir pour but de renforcer l'impact du message principal. Par exemple, vous ne pouvez pas expliquer publiquement que tout le monde est d'accord sur la stratégie de développement, puis demander à votre auditoire de réfléchir aux critères à intégrer dans l'appel d'offres et enfin essayer de le convaincre que la création d'un nouveau service pour s'en charger est une bonne idée…

Identifiez votre objectif et préparez votre discours en conséquence. Si vous ne savez pas l'identifier, comment espérez-vous le partager ?

Valoriser le consensus général

Exercice de style par excellence, la valorisation du consensus général offre l'avantage d'être un exercice comportant peu d'écueils. Vous avez le champ libre pour dire ce que vous souhaitez, profitez-en. C'est généralement le cas lors des célébrations au sein de l'entreprise, mais l'occasion peut aussi se présenter lors de l'introduction d'une journée d'études, de l'ouverture d'un congrès, d'un salon industriel...

Que vous saluiez une réalisation présente ou passée ou que vous fassiez un état des lieux du marché de votre secteur d'activité, soyez positif : vous n'allez pas valoriser un consensus en faisant une tête de trois mètres de long ! Et si votre branche professionnelle connaît des difficultés, soyez le leader qui dessine des perspectives avec la mise en avant des atouts qui existent plutôt que le pauvre petit chat malade qui s'apitoie sur son sort.

Par ailleurs, qui dit consensus dit absence de contradictions. C'est l'occasion de mettre en avant les valeurs à défendre et les orientations à prendre. Puisque votre auditoire est d'accord avec votre conclusion, profitez-en pour montrer la voie. Il y a souvent plusieurs manières d'arriver à un même résultat, mais toutes ne se valent pas, donc tracez le chemin à suivre et la méthode à adopter. Soyez le porte-drapeau de votre société ou de votre secteur d'activité : un véritable leader ne se laisse pas porter par le troupeau, il marche en tête du convoi.

Inviter au débat et à l'échange

Qu'il s'agisse d'un brainstorming interne ou d'une table ronde dans un congrès professionnel, vous ne prenez pas toujours la parole pour soumettre une solution clé en main à vos auditeurs. Et pour cause : vous ne maîtrisez pas forcément tous les éléments d'un dossier, ou vous participez à une journée d'études précisément pour enrichir votre réflexion. Dès lors, préparez un discours ouvert, avec des éléments factuels de problématique, mais sans trancher sur le fond, en invitant vos interlocuteurs à l'échange, qu'il soit immédiat ou à venir.

Puisque vous ne proposez pas une doctrine préétablie, insistez sur la démarche et la méthode à suivre plutôt que sur l'urgence de trouver une solution : invitez à l'écoute et à l'échange plutôt qu'à la fabrication forcément artificielle d'une réponse détaillée à une question posée.

Présentez aussi le format retenu pour la mise en place des échanges : ateliers thématiques, forums Internet, conférences-débats, etc. Rappelez aussi que l'éthique de la discussion et la qualité de l'écoute sont primordiales dans une démarche de ce type (ce ne sera pas perdu pour les éventuels bavards qui cherchent une tribune plutôt qu'une rencontre avec les idées de leurs interlocuteurs).

S'il y a des données précises à connaître (détails techniques, directives budgétaires, contraintes légales…), rappelez-en les grandes lignes en les synthétisant et prévoyez pour les participants un dossier individuel qui leur servira de mémo lors des discussions à venir. Cela vous évitera de vous perdre dans une présentation laborieuse de normes juridiques, de dispositions comptables ou d'innovations technologiques. Et cela permettra à chacun d'avoir une vision globale de la problématique des échanges, ce qui n'est pas forcément simple pour les intervenants dont le cœur de métier est spécifique à un domaine précis (ingénieur réseau, juriste social, responsable marketing, chargé de logistique…).

Convaincre ses interlocuteurs

Première règle à retenir : soyez convaincu pour être convaincant. Cela peut sembler évident à dire, mais qui n'a jamais eu à subir le discours mollasson d'un intervenant manifestement peu désireux de vous transmettre son optimisme ? Faites exactement le contraire ! La conviction se voit à travers votre énergie, votre dynamisme, votre sourire et votre enthousiasme. Retenez que, pour ce type d'occasions, la mise en scène compte souvent bien plus que le fond de votre propos.

Néanmoins, préparez soigneusement ce que vous allez dire en retenant cette autre règle d'or : pour convaincre, faites appel à l'émotion plutôt qu'à l'intelligence. Si les chiffres sont toujours utiles (surtout s'il s'agit d'un bénéfice à espérer pour vos auditeurs), sachez que les sentiments ont un impact bien plus fort que les idées froides.

Pensez aux spots de la sécurité routière, qui égrainaient jadis les chiffres de la mortalité au volant sans grand succès, et qui racontent désormais des histoires bien ficelées pour parler à vos émotions plutôt qu'à votre raison, avec bien plus d'efficacité.

Car c'est cela, la clé pour émouvoir : raconter une histoire qui démontre votre propos afin d'en illustrer la conclusion. Prenez également en compte une autre donnée, à savoir que rien n'indique que vous puissiez convaincre vos interlocuteurs avec les arguments qui vous ont vous-même convaincu... Il faut donc adapter votre histoire à vos auditeurs !

Chapitre 3

Choisir le bon message

Un discours n'est pas un exposé : ne cherchez pas à tout dire pour avoir l'air d'un universitaire ou d'un expert international (à moins bien sûr que ce ne soit l'objet de votre intervention…). Même si vous ne voulez rien omettre, il va falloir faire des choix, et ce n'est pas l'envie qui doit vous guider. Adaptez-vous à votre auditoire, mais aussi au contexte, et identifiez les pièges à éviter pour ne pas ruiner votre image.

S'adapter à l'auditoire

Ne vous leurrez pas : l'auditeur est plus important que le locuteur ; d'ailleurs, si l'on enlève l'auditeur, que reste-il du locuteur ? Pas grand-chose, à première vue. L'inverse est vrai aussi, me direz-vous, mais c'est plus souvent vous qui avez un message à faire passer qu'un auditeur qui a un message à recevoir.

Dès lors, interrogez-vous sur la composition de votre auditoire. Qui sont ces gens et quels sont leurs codes ?

Quelles sont leurs attentes au sujet de votre intervention ? Quel est leur degré de connaissance du sujet dont vous allez parler ? Sont-ils *a priori* plutôt favorables ou plutôt hostiles à votre propos ? Est-ce qu'ils ont l'habitude des discours un peu longs ou devez-vous faire le plus court possible ? Autant de questions qui vous seront utiles pour calibrer le fond comme la forme de votre discours.

Enfin, ne négligez pas les références culturelles de vos auditeurs mais ne cherchez pas à les imiter si ce ne sont pas les vôtres. Par exemple, il serait absolument déplacé d'imiter le langage familier de jeunes de banlieue au motif que vous participez à un programme de recrutement de jeunes diplômés dans les quartiers sensibles de votre agglomération. Tout comme il serait parfaitement ridicule d'utiliser un langage trop soutenu et donc probablement trop pompeux en vous adressant à des élus ou à des investisseurs potentiels. Respectez vos interlocuteurs en étant le plus compréhensible possible, mais restez vous-même si vous voulez rester crédible.

S'adapter au contexte

La notion de contexte englobe le contexte global de votre intervention (situation économique nationale, période particulière dans la vie de l'entreprise...) et le contexte particulier de votre discours (lieu du discours, autres intervenants...).

Ne négligez ni l'un ni l'autre sous peine de paraître un brin décalé à vos auditeurs. Par exemple, il serait malvenu de plaisanter en présentant un bilan financier annuel pendant un plan social ou de dénigrer la politique municipale de développement économique en prenant la parole juste avant le maire de votre ville.

Pour rendre un discours vivant, adaptez-vous toujours au contexte, qu'il soit positif ou négatif. Cela vous aidera à capter l'attention de l'auditoire et à inscrire votre propos dans sa mémoire, en le rattachant à sa propre expérience. Néanmoins n'en faites pas trop et évitez l'écueil d'une liste d'événements récents, surtout si ces derniers sont déprimants ! Une formulation synthétique et lapidaire produit souvent plus d'effets qu'une longue litanie aussi ennuyeuse qu'une liste de commissions.

De même, si vous intervenez avec d'autres personnes, soyez le plus concis possible ; la longueur d'un discours n'est pas un gage de qualité, surtout si c'est pour répéter ce qui a déjà été dit.

Cette remarque est encore plus vraie si vous parlez après plusieurs personnes : ajouter des minutes supplémentaires à votre discours ne fera qu'ennuyer ceux qui l'écoutent alors qu'ils n'ont qu'une seule idée en tête, l'ouverture du buffet. Ménager l'attention comme l'estomac de vos auditeurs accroîtra votre karma d'orateur.

La règle des 5 W

Un outil classique des rédacteurs de discours pour formuler un message est la règle des 5 W, qui consiste à se poser cinq questions :

Who ?
What ?
Where ?
When ?
Why ?

- ***Who ? / Qui ?***

Selon la situation, il peut être utile de clarifier dès le début qui s'exprime dans le discours : est-ce vous-même en tant que personne (patron, élu, leader...) ou bien est-ce votre service, votre direction, voire votre entreprise dans son ensemble ? La même intervention peut tout à fait mêler les deux dimensions, mais il faut alors le faire volontairement, sans mélanger les deux. En fonction du choix initial, cela détermine notamment l'emploi du « je » ou du « nous » au fil des phrases.

- ***What ? / Quoi ?***

La réponse à cette question précise le message et dessine les grandes lignes du discours. Obtenir la validation d'un budget prévisionnel par un comité de direction n'est pas le même exercice que présenter des vœux de bonne année à ses collaborateurs. C'est au moment de répondre à cette question qu'il faudra vous éclaircir les idées sur votre auditoire et le contexte de votre intervention.

- ***Where ? / Où ?***

L'endroit où vous faites votre discours a un réel impact sur ce que vous pouvez dire et comment vous pouvez le dire. Imaginez que vous participiez à une journée d'étude sur la responsabilité sociale et environnementale des entreprises. Parleriez-vous de la même façon si vous vous trouviez sur le verdoyant campus de HEC à Jouy-en-Josas ou sous les lambris historiques d'un vénérable amphithéâtre en Sorbonne ? Probablement pas.

- ***When ? / Quand ?***

Un message s'inscrit généralement dans un horizon temporel qu'il est utile de préciser : un bilan annuel, un projet de six mois, des résultats trimestriels, un comité de direction bimensuel, un séminaire de deux jours, etc. Préciser une échéance permet de rendre votre annonce concrète. Et à défaut d'inspiration, appuyez-vous sur la notion de quotidien : *« je suis très heureux d'être parmi vous ce soir pour... »*

- ***Why ? / Pourquoi ?***

Si vous annoncez quelque chose, il y a sans doute une raison, aussi simple soit-elle : partager un moment de convivialité, renforcer la cohésion interne, transmettre un savoir, communiquer une bonne nouvelle, etc. Si votre message rejoint une annonce antérieure, n'hésitez pas à le souligner : *« comme je vous l'avais annoncé lors de la cérémonie des vœux au mois de janvier... »*

Les erreurs à éviter

- **Le discours sans destinataire**

Peu importe la qualité de vos métaphores ou de votre *storytelling* si vous ne vous adressez à personne. Même un message d'ordre général doit être personnalisé en fonction de ceux qui vous écoutent. Si vous parlez de la réussite d'un projet, parlez de ceux qui l'ont mené (si vous parlez devant vos collaborateurs) ou de l'intérêt pour l'entreprise (si vous parlez devant le comité de direction). Si vous présentez des chiffres annuels, mettez en valeur le travail collectif (si vous parlez aux salariés) ou les dividendes attendus (si vous parlez aux actionnaires).

Ne vous contentez jamais d'annoncer un message comme si vous lisiez un communiqué de presse impersonnel, ce serait un manque de respect envers votre auditoire et une erreur de communication majeure pour votre crédibilité de leader.

- **Le discours de fausse connivence**

Si vous avez une personnalité naturellement distante et froide, c'est bien dommage. Mais ne jouez pas la carte de la fausse connivence au moment de prendre la parole en public en imaginant améliorer votre image. Cela ne vous donnera pas du tout l'air plus sympathique ; vous passerez au mieux pour quelqu'un de maladroit, au pire pour un crétin ou un hypocrite.

En effet, une blague sur le comportement de quelqu'un ou un événement particulier passe très bien quand elle provient d'une personne avec qui un lien particulier est déjà établi, mais elle sera bien moins acceptée lorsque celui qui la dit est perçu comme quelqu'un de froid ou de distant, qui recevra en plus une nouvelle étiquette de machiste, homophobe, raciste, prétentieux... À éviter, donc !

- **Le discours de reproche**

D'une façon générale, évitez les reproches lorsque vous prenez la parole en public. Ce n'est ni l'endroit, ni le moment pour expliquer à un collaborateur qu'il a eu tort, et encore moins la bonne opportunité pour régler des comptes. Mais notez que cette règle s'applique aussi au jeu des questions et réponses.

Si votre discours est une réponse au discours de quelqu'un d'autre, ou à une question posée antérieurement, évitez d'expliquer que son auteur est un idiot ou un illettré, et fuyez d'une façon générale tous les qualificatifs insultants. Valorisez vos contradicteurs, cela ne donnera que plus de poids à votre propre discours.

- **Le discours sans contexte**

Dans un monde où tout va plus vite et tout va plus loin (pour le meilleur comme pour le pire), vous ne pouvez pas intéresser vos interlocuteurs sans vous ancrer un minimum dans le réel. Partez d'un fait d'actualité pour illustrer votre propos, donner un échéancier (même approximatif) si vous lancez un projet, comparez votre expérience à un événement similaire... En deux mots : soyez concret.

Même un discours de bonne année peut partir de l'expérience de chacun : « *Alors que nous venons de passer deux semaines à ingurgiter trop de calories tout en élaborant des résolutions que nous ne tiendrons pas, tâchons de faire l'inverse en fixant nos objectifs pour les six mois qui viennent.* » Vous n'êtes pas seulement un manager ou un élu, vous êtes aussi un être humain qui évolue dans un écosystème beaucoup plus large. Et vous savez quoi ? Vos interlocuteurs aussi.

- **Le discours nombriliste**

Écueil classique du grand patron (trop) diplômé et de l'élu (trop) ambitieux, le discours autocentré qui fait l'apologie de la souffrance surmontée et des résultats obtenus est à proscrire. Si vos résultats sont excellents, vous n'obtiendrez pas grand-chose à vous tresser vous-même des couronnes de lauriers. Au contraire, favorisez la motivation de vos collaborateurs et la reconnaissance de vos supérieurs en mettant en avant le travail d'équipe et l'aventure collective.

D'une façon ou d'une autre, votre discours vise à motiver (l'action ou la confiance de) vos interlocuteurs, donc parlez-leur d'eux plutôt que de vous. À titre de mémo, souvenez-vous de cette petite phrase toute simple lorsque vous prenez la parole en public : *« parlez-moi de moi, il n'y a que ça qui m'intéresse… »*

Chapitre 4

La question du style

En matière de discours, on peut rejoindre l'idée de Flaubert selon laquelle le style est à lui seul une manière absolue de voir les choses. Mais il faut comprendre ce principe dans son ensemble, et pas seulement dans la tournure des phrases. Car ce que l'on appelle généralement le style ne fait pas tout, loin de là. Si ce que vous dites sonne bien mais que ça ne signifie pas grand-chose, vous aurez (au mieux) parlé pour ne rien dire...

Eh oui : n'avez-vous jamais applaudi un orateur brillant qui parlait avec autant d'aisance que d'humour sur un sujet qu'il maîtrisait visiblement sur le bout des doigts ? Sans doute. Maintenant que vous y repensez, qu'avez-vous retenu de ce discours ? Que l'orateur était brillant, certes, que vous ne vous êtes pas ennuyé en l'écoutant, c'est certain... Mais le fond du propos vous échappe un peu, pas vrai ? Retenez la leçon : il faut se méfier des effets de style qui ne sont que des effets de manche.

N'essayez pas de ressembler à ce type qui vous a impressionné mais dont vous êtes incapable de retenir les idées (probablement car il n'en avait aucune...). Faire du style pour se donner un style n'est pas très porteur ; la forme doit être au service du fond, sans quoi vous feriez mieux de vous abstenir de parler. La finalité d'un discours est toujours la même : être audible et rester compréhensible (vous n'êtes pas un intellectuel de comptoir qui fait son beurre en vendant sa soupe).

Avoir du style... ou trouver son style ?

Pour avoir du style, le plus simple est encore de trouver le sien. Car, en imitant les autres, on est généralement peu performant, même si le modèle initial avait tout d'un grand orateur. Oubliez les grands discours qui bercent l'imagerie populaire, votre mission étant probablement bien éloignée du contexte de ces derniers. À moins que vous ne deviez prononcer un discours politique (devant une association, une assemblée ou un *lobby*), singer les envolées lyriques de John Fitzgerald Kennedy risque de vous porter préjudice.

Retenez une règle simple : soyez authentique et ne mélangez pas les genres. Si vous êtes vous-même convaincu par ce que vous dites, alors vous n'avez pas besoin de vous prendre pour un autre. Assumez ce que vous êtes, délivrez votre message et portez des valeurs qui vous sont chères, cela sera déjà amplement suffisant

Et pour vous mettre tout à fait à l'aise avec la rédaction de votre discours et la question du style, il reste à souligner que, contrairement à l'idée qu'on peut s'en faire, c'est bien celui qui prononce un texte qui lui donne du style, et non l'inverse. Pour vous en convaincre, prenons l'exemple d'un metteur en scène iconoclaste : Jérôme Savary.

Dans ses pièces de théâtre devenues célèbres pour leur originalité, Jérôme Savary opte pour une mise en scène très moderne qui révolutionne le genre. Ainsi, lorsqu'il a décidé de réviser *L'Avare* de Molière en 1999, on pouvait voir sur scène un Cléante arborant une crête rose sur la tête et un blouson de cuir tandis que son père Harpagon mimait une jeunesse consommatrice de cannabis pour en expliquer les errements. Je peux vous le garantir, cela donnait tout de suite une autre allure au texte originel !

Ainsi, un texte bien écrit mais classique peut tout à fait prendre une dimension nouvelle si celui qui le prononce y met de l'énergie et de l'enthousiasme. Et n'oubliez pas que l'inverse est tout aussi vrai : imaginez un texte emporté et imagé prononcé sur un ton monocorde… Il y a peu de chances que le rendu soit convaincant. Visualisez Frédéric Mitterrand prononçant un discours de Malcolm X, vous pensez que le résultat serait le même ?

Oubliez vos complexes littéraires si vous ne trouvez pas de formule digne d'entrer dans l'histoire ; bien peu y sont parvenus. Rédigez votre texte comme vous le sentez sans vous forcer à trouver des métaphores fantasmagoriques ou des slogans en alexandrins. Vous vous rattraperez en mettant toute votre conviction dans votre discours. Après tout, l'énergie de l'action est souvent supérieure à de l'ersatz d'émotion. Comme l'écrivait Georges-Louis Leclerc, comte de Buffon : *« le style, c'est l'homme ! »*

L'usage des figures de... style

Cela va sans dire : certaines figures de style aident à toucher le public en lui donnant à voir et à sentir, certaines comparaisons sont efficaces parce qu'elles éveillent l'imaginaire ou font rire les destinataires. Lorsque le message est clair et que le ton est juste, vous pouvez donc employer des figures de style pour colorer votre discours.

La plus connue d'entre elles est bien sûr la métaphore, qui permet d'utiliser des images pour illustrer son propos plutôt que de répéter les mêmes mots ou d'endormir son auditoire en l'abreuvant de termes techniques. Ainsi, lors de son discours d'investiture le 20 janvier 2009, Barack Obama, le quarante-quatrième président des États-Unis, ne s'est pas embourbé dans le vocabulaire des énergies renouvelables pour présenter son programme environnemental. Il a préféré employer une belle formule : *« nous dompterons le soleil, le vent et le sol pour faire avancer nos automobiles et tourner nos usines. »* Dompter les éléments, ça ne vous fait pas rêver ?

Cependant, ne vous y perdez pas non plus : une métaphore trop usitée devient un ennuyeux cliché, et une métaphore trop filée devient lourde à absorber. Si vous voulez rendre un élément vivant, plutôt que de multiplier les métaphores, ayez recours à la personnification et donnez vie à votre concept comme si c'était un être humain, comme le faisait Victor Hugo dans *Les Châtiments*, en parlant de *« la grande République, montrant du doigt les cieux »*.

Si vous devez faire référence à la même chose de nombreuses fois, ayez recours à la métonymie ou à tout autre figure de substitution. Cela consiste à remplacer un substantif par un autre (ou par un élément substantivé), comme lorsqu'on parle de « l'Élysée » ou de « Paris » pour désigner le président de la République ou le gouvernement français. Par ailleurs, n'hésitez pas à utiliser des formules plus littéraires : par exemple l'antithèse ou l'oxymore, qui consistent à dire (ironiquement) une chose pour faire comprendre son contraire ou à associer deux mots *a priori* contradictoires, comme lorsqu'on déclare *« il est urgent d'attendre »* ou qu'on parle du *« superflu, chose très nécessaire »* selon Voltaire.

Enfin, vous pouvez utiliser quelques figures de style plus délicates si le public vous est acquis (ou en tout cas s'il est à même de comprendre que vous vous exprimez au second degré). Dans un débat polémique, vous pouvez par exemple manier l'ironie qui consiste à dire *« nous sommes tous d'accord sur ce point… »* lorsque vous parlez précisément du point d'accroche le plus vif. Vous pouvez également jouer de votre (fausse) modestie pour vous donner plus de légitimité en reconnaissant que vous ne savez pas tout (mais que vous êtes bien informé) avec une phrase du type :

« Je ne suis pas le plus compétent sur cette thématique, mais il me semble que... » Pour votre culture, on appelle ce procédé un chleuasme (eh oui, c'est très moche comme mot !).

Le champ lexical et le maniement de l'humour

C'est l'évidence même : vous ne pouvez pas vous adresser de la même façon à votre équipe restreinte dont vous êtes très proche, à l'ensemble des collaborateurs de votre entreprise que vous connaissez beaucoup moins et à l'assemblée générale des actionnaires que vous croisez une fois par an. Prenez donc le soin de choisir le champ lexical adéquat et de manier l'humour avec tact et prudence.

En ce qui concerne le champ lexical, à moins d'être volontairement neutre (ce qui n'a rien d'évident), il a toujours une connotation : positive, négative, technique, familière... Les mots que vous employez ont une signification, mais ils ont aussi un sens ! Dire qu'il faut *« se mettre au boulot sérieusement »* ou qu'il faut *« sortir l'artillerie lourde »* veut (globalement) dire la même chose, mais cela ne sonne pas de la même façon. Le champ lexical que vous choisissez crée une atmosphère qui permet d'établir un lien de subordination, un esprit de connivence ou une respectueuse distance. N'hésitez donc pas à utiliser un dictionnaire des synonymes ou le *Trésor de la langue française* informatisé : http://atilf.atilf.fr

Du côté de l'humour, cela peut être une arme, mais une arme à double tranchant. Soit vous mettez les rieurs de votre côté et vous détendez l'atmosphère, ce qui permet de créer une ambiance favorable à l'accueil de votre message, soit vous faites un bide total et vous passez pour un lourdaud. L'usage dépend donc de l'auditoire. Par exemple, manier l'ironie (qui consiste à énoncer sarcastiquement le contraire de ce que l'on veut dire) fonctionne si le public vous est acquis, mais cela vous fera passer pour un véritable idiot si ce n'est pas le cas.

Dans le même ordre, vous pouvez être drôle en évoquant une anecdote, mais ne vous moquez jamais de vos interlocuteurs ni d'un tiers. Il s'agit toujours de *« rire avec »* et non de *« rire de »* : même si vos auditeurs sont des proches, vous ignorez les ressorts profonds de chacun et vous pourriez dégrader l'ambiance en faisant du mauvais esprit. La seule personne que vous pouvez railler sans danger, c'est vous-même ! À titre d'exemple, souvenez-vous du début du film *Une vérité qui dérange*, de Davis Guggenheim : Al Gore arrive sur scène et se présente en disant *« bonjour, je suis l'ex-futur président des États-Unis… »* Difficile de trouver meilleure accroche !

L'importance réelle ou supposée des citations

Tradition littéraire française oblige, la plupart des gens n'envisagent pas d'écrire ni de prononcer un discours sans y inclure une ou plusieurs citations. Suivant les situations, cela peut servir à montrer son érudition (encore que cela ne trompe plus personne, les recueils de citations étant désormais très nombreux dans le commerce, sans parler de l'usage d'Internet), à marquer les esprits par une image forte ou par l'évocation d'une personnalité historique, ou encore à faire appel à la culture commune et à la mémoire collective si la citation est très connue (morale d'une fable de La Fontaine, extrait d'une pièce de Molière, formule célèbre d'un ministre...).

En la matière, il n'y a pas vraiment de règle, si ce n'est celle de l'adaptation au public. Ainsi, une citation de Michel Audiard ne fera pas forcément fureur devant de jeunes diplômés de moins de 20 ans mais aura son petit effet devant un parterre de cadres quinquagénaires, et une citation du rappeur Jay-Z séduira probablement des auditeurs de la génération Y mais laissera de marbre des chefs d'entreprise nés dans les années 1960. Même si la citation est bonne (et il y a de quoi faire avec Audiard...), essayez de rester en phase avec les références communes de ceux qui vous écoutent si vous voulez faire mouche.

Par ailleurs, évitez la surabondance. Enchaîner les citations pour faire croire qu'on a lu beaucoup de livres laisse surtout penser qu'on n'a pas grand-chose à dire (auquel cas, il vaut mieux se taire). Une citation en guise d'accroche et une autre en guise de conclusion suffisent amplement, mais c'est loin d'être obligatoire. On peut aussi bien faire un discours entier de vingt minutes sans jamais faire appel à qui que ce soit d'autre qu'à soi-même.

Si vous souhaitez néanmoins agrémenter votre texte de phrases d'auteurs illustres, faites-le avec méthode. Si l'objectif est de réveiller un peu le public ou d'établir un lien de connivence, employez une formule humoristique, voire un peu provocante si les circonstances s'y prêtent. Si le recours à la citation vise à donner plus d'autorité à votre propos, faites référence à des figures tutélaires de grands mouvements de pensée, mais prenez garde à ne pas commettre un *hold-up* idéologique (souvenez-vous de Nicolas Sarkozy citant Jean Jaurès et Léon Blum, tout un poème...).

Enfin, méfiez-vous des classiques. Leur côté passe-partout peut les rendre séduisants, mais ils ne produisent généralement plus beaucoup d'effets à force d'avoir été usés. Idem pour les citations à la mode, qui virent généralement au cliché. Éventuellement, vous pouvez vous amuser à les détourner pour en faire quelque chose de drôle, comme le célèbre *« c'est la porte ouverte à toutes les fenêtres »* de *La vérité si je mens.*

Chapitre 5

L'importance d'être authentique

On ne le répétera jamais suffisamment : tordre votre personnalité pour séduire le plus grand nombre n'aura qu'un bénéfice éphémère. Ceux qui vous apprécieront pour une mauvaise raison dans deux jours apprendront à vous connaître dans deux semaines et découvriront que vous n'êtes qu'un usurpateur. Retour de bâton garanti ! Ou alors vous défendrez sans enthousiasme des arguments qui vous semblent bien lointains, et vous ne convaincrez personne... Soyez vous-même, c'est encore la meilleure façon de convaincre, et la meilleure façon de durer !

Rester soi-même

Quel que soit le contexte de votre intervention, soyez vous-même. Vous ne devez pas vous adapter aux techniques expliquées dans ce livre, mais vous devez les adapter à vous. Vous êtes le créateur et le maître de votre propre style, assumez-le avec panache ! Si vous êtes quelqu'un de froid, n'en rajoutez pas dans les figures de style, cela sonnera faux. Si vous êtes quelqu'un d'émotif, ne bridez pas vos sentiments, cela sonnera faux aussi. Et puis au contraire : profitez-en !

Les orateurs les plus efficaces sont généralement des individus sensibles, qui s'expriment sans pudeur et sans honte, alors profitez de la force de vos émotions pour faire vibrer vos auditeurs. D'ailleurs, cherchez dans vos souvenirs quels sont les discours qui vous ont le plus marqué. Est-ce que c'étaient vraiment les mieux écrits ? Probablement pas. Les discours les plus efficaces, c'est-à-dire ceux dont on se souvient, ne sont pas forcément ceux qui sonnent le mieux. Ce sont ceux qui sont prononcés par des orateurs qui mettent le plus d'eux-mêmes dans leurs paroles, ceux dont on peut sentir la conviction.

Faites la même chose que ces orateurs mémorables. N'essayez pas de dire ce que vous pensez qu'on attend de vous, n'essayez pas de coller à des codes que vous ne comprenez pas et qui ne vous correspondent pas. Faites passer votre message avec des arguments qui vous touchent, avec des comparaisons qui vous parlent. C'est la seule façon d'atteindre votre auditoire.

Ne récitez pas des arguments convenus s'ils ne vous conviennent pas. N'égrenez pas point par point une liste d'éléments donnés si cela vous ennuie de les réciter phrase par phrase. Au contraire : synthétisez ce qui vous ennuie et développez ce qui vous enivre. C'est en restant vous-même que vous donnerez envie aux gens d'en savoir plus… sur vous !

La puissance du témoignage

Vous connaissez forcément John Fitzgerald Kennedy, le plus jeune président américain de l'histoire qui galvanisait les foules avec sa belle gueule et ses grands discours. Et pourtant... En 1947, John Fitzgerald Kennedy débute sa carrière électorale en devenant sénateur de l'État du Massachusetts. Mais celui qui allait devenir le trente-cinquième président des États-Unis était encore loin d'être l'animal politique passé à la postérité, et sa première campagne de terrain ne fut pas évidente.

Alors qu'il rencontrait une délégation locale des *Gold Star Mothers* (une organisation de soutien aux mères qui ont perdu un fils ou une fille pendant la guerre), le tout juste trentenaire JFK ne parvenait pas à lire le discours préparé par son directeur de campagne, butait sur chaque mot et ne finissait pour ainsi dire aucune phrase de façon audible. C'est alors qu'il décida de laisser tomber ses notes pour parler de ce qui le touchait : il parla de sa mère.

Sa mère aussi était membre des *Gold Star Mothers*. Sa mère aussi avait perdu un fils à la guerre (Joseph Kennedy Junior, mort le 12 août 1944 lors de l'opération Enclume). Et il comprenait leur douleur. Il savait ce que c'était que de vivre parmi les souvenirs d'un membre de la famille décédé trop jeune, en espérant qu'un jour il reviendra, tout en sachant qu'il ne reviendra pas. C'est pourquoi lui, JFK, lorsqu'il serait élu sénateur de l'État du Massachusetts, apporterait tout son soutien aux *Gold Star Mothers* et à leurs activités.

On connaît la suite de l'histoire : JFK remporte la victoire en 1947, puis devient sénateur des États-Unis en 1953 avant d'être élu président le 8 novembre 1960. Il entre en fonction le 20 janvier 1961 (à l'âge de 43 ans) et prononce un discours mémorable dont le point d'orgue mérite d'être repris ici : « *ne vous demandez pas ce que votre pays peut faire pour vous, mais demandez ce que vous pouvez faire pour votre pays.* »

Faut-il en dire plus sur la puissance d'un témoignage authentique ?

Être convaincu… ou pouvoir l'être

Vous ne convaincrez personne si vous n'êtes pas vous-même convaincu de ce que vous dites. C'est élémentaire, mais certaines pratiques politiques ou médiatiques tendraient à nous faire accroire le contraire. Pourtant, votre conviction se voit au travers de votre posture physique, de votre éloquence et du ton de votre voix. Et si votre discours porte un message auquel vous ne croyez pas, non seulement vous n'aurez pas toute l'énergie nécessaire pour le dire, mais vous aurez aussi du mal à l'écrire !

Dans certains cas, lorsque vous êtes en désaccord avec ce qu'on vous demande de dire, des configurations plus complexes peuvent se présenter. La pire des situations, c'est si vous êtes convaincu par les arguments mais que la conclusion choque vos convictions ou vos valeurs. Vous êtes alors en plein dilemme et la solution est clairement la fuite. Si vous prenez la parole en énonçant des arguments avec ferveur mais que vous restez flottant sur la conclusion, vous aurez à faire face à deux sortes de problèmes : vos auditeurs se demanderont si vous pensez ce que vous dites (le message ne sera pas passé), ou vos commanditaires trouveront que vous n'avez pas fait votre boulot (votre mission ne sera pas remplie).

Autre possibilité : vous partagez la conclusion, mais les raisons qu'on vous demande d'invoquer vous semblent mauvaises. C'est alors plus confortable (si vous biaisez un peu les règles du jeu). Par exemple, vous pouvez commencer par exposer les arguments qui vous ont convaincu, puis résumer en quelques phrases ceux que l'on vous a demandé de présenter. Si le résultat est au rendez-vous et que le message est clair, on ne pourra pas vous reprocher de vous être débiné…

En tout cas, fuyez les interventions publiques qui vous obligeraient à mentir !

Si vous devez rédiger trois pages de discours pour défendre un point de vue qui est l'opposé du vôtre, faites ce qui est en votre pouvoir pour vous faire porter pâle ou pour demander à un collègue de s'en charger. Soyez honnête dans votre refus : expliquez à votre supérieur, ou à ceux qui vous sollicitent, que votre religion n'est pas faite sur le sujet dont on vous demande de parler et qu'il serait donc plus profitable pour tout le monde que quelqu'un d'autre le compose et le prononce. Une séance de reproches sera toujours moins douloureuse que des nuits de remords.

Porter des valeurs

Pouvez-vous citer un seul grand discours d'un patron français ? Si vous avez moins de 35 ans, je vous souhaite bon courage ! Parce que, à vrai dire, il n'y en a pas cinq cents... Le seul qui me vient à l'esprit, c'est le *« discours de Marseille »* prononcé par Antoine Riboud lors des assises du Conseil national du patronat français (CNPF, l'ancêtre du Medef) en 1972. À cette occasion, le patron de Danone est devenu le premier promoteur des concepts de développement durable et de responsabilité sociale des entreprises. Extraits...

> *« La responsabilité de l'entreprise ne s'arrête pas au seuil des usines ou des bureaux. Les emplois qu'elle distribue conditionnent la vie entière des individus. Par l'énergie et les matières premières qu'elle consomme, elle modifie l'aspect de notre planète. Le public se charge de nous rappeler nos responsabilités dans cette société industrielle.*
>
> *La croissance ne devra plus être une fin en soi, mais un outil qui, sans jamais nuire à la qualité de vie, devra au contraire la servir.*

Devant le porte-monnaie vide, ne parlons pas de choix ou de qualité de la vie. Dans tous les pays développés, l'enrichissement de la nation s'accompagne, nous l'avons vu, d'une aggravation de l'état des plus défavorisés ; pour tous ceux-ci qui ressentent combien leur situation est inférieure à celle de leurs concitoyens, il faut redonner l'espérance d'un changement.

Dans nos sociétés modernes, il faut convenir que l'inégalité excessive est partout : elle est dans les salaires, dans les conditions de travail, de logement, de transport, d'accès à la culture et aux loisirs ; elle est dans la frustration ressentie par tous ceux qui, encerclés par la publicité, ne peuvent s'offrir le millième de ce qu'on leur dit être indispensable à leur bonheur. L'objectif prioritaire est la disparition des situations matérielles qui se trouvent en dessous du seuil de bien-être. C'est une question de conscience collective.

La valorisation du travail ne doit pas être une méthode pour augmenter seulement la productivité ; il s'agit de s'attaquer aux racines de l'aliénation de l'Homme dans son travail.

Dans cette optique, d'autres sujets sont à traiter : la suppression des primes individuelles de rendement, le contrôle de l'éventail des rémunérations, l'harmonisation des statuts, la flexibilité des horaires, la réduction de la taille des unités, l'établissement de programmes de formation adaptés aux besoins réels des travailleurs.

Conduisons nos entreprises autant avec le cœur qu'avec la tête et n'oublions pas que si les ressources d'énergie de la terre ont des limites, celles de l'homme sont infinies s'il se sent motivé. »

Alors, qu'est-ce qui différencie ce discours de nombreux autres ? Je vous le donne en mille : il porte des valeurs. En liant progrès économique et progrès social, Antoine Riboud ne fait pas mystère de ses convictions de gauche, et quand bien même le CNPF n'était probablement pas le public le plus acquis qu'on pourrait imaginer, son discours a marqué les esprits.

C'est la même chose à votre échelle. Vous n'êtes peut-être pas le patron de Danone, mais vous avez sans doute des valeurs qui vous sont chères. Faites-en l'épine dorsale de vos discours et la colonne vertébrale de vos interventions. Vous y gagnerez en inspiration comme en conviction. Ce sont nos valeurs qui nous portent, qui guident nos actes et nos décisions. Les valeurs seront toujours plus fortes et plus fédératrices que les opinions. Souvenez-vous de *V pour Vendetta* : *« les individus meurent, mais les idées, elles, ne meurent pas. »*

Chapitre 6

Devenir conteur plutôt que raconteur

Nouveau mot en vogue dans l'univers du marketing et de la communication, le *storytelling* remonte pourtant à la nuit des temps. Depuis que des individus se sont regroupés en tribus, on invente des histoires pour partager son savoir : on considère que la plus ancienne épopée connue est celle du roi Gilgamesh d'Uruk, qui date du XVIIIe siècle avant Jésus-Christ ! Raconter une histoire pour délivrer un message n'a donc rien d'une mode ou d'une technique nouvelle…

Entre onirisme et pragmatisme, le *storytelling* s'appuie sur des pulsions humaines fondamentales et utilise des codes narratifs anciens. Au même titre qu'un discours peut être construit avec un plan hérité d'Aristote, une bonne histoire peut être imaginée et racontée grâce à des méthodes qui n'ont rien d'inédit, mais qui sont toujours aussi efficaces pour introduire un message et convaincre un public.

Il va donc falloir vous transformer en conteur, puisque vous devez raconter une histoire, mais souvenez-vous que vous êtes un leader, pas un pilier de comptoir. Gardez bien à l'esprit que vous ne racontez pas des blagues ni des faits divers mais un récit qui porte un message dans le but d'expliquer, de persuader ou de négocier. Dès lors, votre objectif tient en trois mots : inventer, structurer, restituer. Suivez le guide !

Construire une bonne histoire

Pour construire une bonne histoire, adaptez-vous à l'objectif poursuivi. Vous ne pouvez pas raconter la même histoire pour partager vos connaissances sur un sujet, pour répondre à une attaque, pour inciter votre auditoire à l'action ou pour présenter un nouveau projet afin de le faire valider par votre hiérarchie. Cherchez des parallèles à établir entre l'histoire que vous aimeriez raconter et le contexte de votre prise de parole.

Si vous manquez d'inspiration, essayez de vous référer à des événements récents dans votre vie. Souvenez-vous du dernier obstacle que vous avez dû affronter et de la façon dont vous avez procédé, repensez au dernier risque que vous avez pris et aux bénéfices que vous en avez retiré (ou aux problèmes qui en ont découlé), demandez-vous quelles évolutions positives ou négatives vous avez connues ces dernières années et à quel type d'histoires cela vous fait penser. Qu'il s'agisse de votre travail, de votre famille, de votre pratique sportive, de votre hobby ou de votre santé, les possibilités sont infinies.

En ce qui concerne l'élément perturbateur, restez cohérent avec vous-même. Si c'est drôle, jouez sur l'aspect comique ; si c'est triste, jouez sur l'aspect dramatique. Essayer d'inverser les registres ne fonctionnerait pas du tout et rendrait votre récit irréaliste, donc forcément moins intéressant. S'il y a plusieurs rebondissements, n'en laissez rien percevoir : faites comme si vous approchiez de la fin, puis relancez votre récit avec un nouvel élément. Bien sûr, n'en faites pas trop : votre auditoire sera lassé avant la demi-douzaine donc restez dans la mesure avec deux ou trois rebondissements au maximum.

Enfin, essayez de dégager une morale en prévoyant une bonne chute à votre récit. L'idéal est évidemment d'établir un lien entre votre histoire et la raison de votre intervention, afin d'aiguiser la curiosité de vos auditeurs sur la démonstration à venir. C'est le premier pas pour convaincre ou persuader, car il y a un phénomène d'identification au personnage du récit qui met votre auditoire dans une position d'écoute qui vous est favorable.

Structurer le récit et exciter l'imagination

Pour raconter une bonne histoire, il faut structurer son récit et exciter l'imagination de l'auditoire. Pour cela, vous pouvez raconter une expérience personnelle, ce qui vous permet de vous impliquer dans le récit et d'évoquer exactement ce que vous avez vu et ressenti. Vous transmettrez ainsi des émotions, du vécu, du vivant. De quoi aiguiser la curiosité de vos auditeurs en excitant leur imagination. Néanmoins, la structure de votre récit comptera autant que votre implication, ne la négligez pas.

Retenez que, d'une façon générale, toutes les histoires sont construites selon un schéma identique : exposition, conflit, résolution. Il faut mettre en scène un état initial (relativement) stable qui va être perturbé par un événement déclencheur provoquant un déséquilibre ; l'auditoire sera alors en position d'attente pour connaître la façon dont l'équilibre est rétabli.

- **Exposition : la situation initiale stable**

Introduisez votre histoire en présentant la situation initiale, le contexte et les personnages. La règle des 5 W vue dans le chapitre 3 peut vous servir de guide pour présenter l'intrigue. Ne soyez cependant pas trop long et venez-en au fait en dévoilant l'élément de rupture qui provoque un problème à résoudre.

- **Déséquilibre : l'élément perturbateur**

L'élément perturbateur doit être compréhensible, éventuellement cocasse, et doit autant que possible générer un véritable suspense, afin de maintenir la curiosité de vos auditeurs en éveil. Ne négligez pas d'éventuels rebondissements, de faux espoirs ou des solutions qui ne marchent pas pour renforcer l'effet comique ou dramatique de votre récit.

- **Dénouement : la création d'un nouvel équilibre**

Le dernier acte de votre récit voit la résolution du ou des problème(s) posé(s) et satisfait l'attente de votre auditoire en apportant une réponse à ses interrogations. Le nouvel équilibre a transformé le personnage principal en bien ou en mal, et cette expérience lui a appris quelque chose. Essayez de conclure sur une morale explicite ou implicite, mais accessible à tous.

Restituer efficacement une histoire

Vous l'avez compris : raconter une histoire qui vous est arrivée est la solution idéale. D'une part parce qu'elle sera authentique et crédible. D'autre part parce qu'elle sera beaucoup plus facile à restituer ! Vous captiverez plus facilement votre auditoire si votre récit sonne vrai, d'où l'importance, le cas échéant, d'employer le « je » plutôt que le « on » ou le « il ». Pour partir du bon pied, vous pouvez introduire votre propos par une phrase du type : *« j'aimerais partager avec vous une histoire qui m'est arrivée la semaine dernière… »*

Autre astuce : n'omettez pas l'explication de la situation initiale. Bien souvent, de crainte d'ennuyer le public, les orateurs passent rapidement sur le début de l'histoire. Or, cela ne permet pas aux auditeurs de saisir la situation initiale et limite donc l'effet de suspense créé par l'élément perturbateur. Il faut provoquer l'intérêt de ceux qui vous écoutent pour les mettre en appétit, ne leur enlevez pas le pain de la bouche en les privant d'une bonne introduction.

Enfin, si vous n'êtes pas toujours très doué pour raconter des anecdotes, essayez de choisir une histoire récente. Vos souvenirs seront alors plus frais et vous limiterez le risque de vous tromper sur des dates, des personnes ou des circonstances. Par ailleurs, cela offrira l'avantage de donner un côté plus accessible à votre histoire, les détails des circonstances étant probablement comparables à des expériences plus ou moins similaires vécues par vos auditeurs.

Chapitre 7

Rédiger un plan

La légende de l'auteur génial qui prend la plume ou le clavier pour rédiger d'une traite un discours percutant appartient à la mythologie ; il est (presque) impossible de conceptualiser mentalement un tel exercice et de le coucher sur le papier tel quel. Pour structurer un discours, il faut un plan, et pour concevoir un plan, il faut une méthode. N'imaginez pas réussir ce type de projet en vous contentant d'aligner sur une feuille blanche vos idées les unes après les autres.

Les outils pour construire un discours sont multiples. Différentes écoles s'affrontent, mais peu importent les querelles de chapelle. Dans l'idéal, utilisez la méthode la plus appropriée pour l'intervention que vous devez prononcer ; à défaut, utilisez la méthode avec laquelle vous vous sentez le plus à l'aise. Et surtout, ne vous perdez pas en chemin : vous avez un message à délivrer et vous devez vous concentrer sur cet objectif.

Mais savoir ce que vous allez dire est un bon début, c'est loin d'être suffisant. Pour délivrer efficacement votre message, vous devez structurer convenablement votre propos. Rien ne vous empêche d'innover si vous en avez le talent ou l'expérience, mais restez sur les sentiers battus dans le cas contraire : Aristote a pavé la route, il y a quelques millénaires, et les professionnels de la communication écrite continuent de marcher sur ses pas. Serait-ce bien avisé que de vouloir réinventer la roue ?

La bonne vieille méthode d'Aristote

En vertu de l'adage selon lequel c'est dans les vieux pots qu'on fait les meilleures soupes, s'inspirer de méthodes éprouvées depuis quelques millénaires n'est pas inintéressant. Ainsi, dans *La Rhétorique*, Aristote dessinait la structure d'un discours qui est toujours valable aujourd'hui, avec un plan en quatre parties :

- l'exorde : c'est l'entrée en matière, qui vise à capter l'attention de l'auditoire et à s'attirer sa bienveillance ;
- l'exposé de l'opinion : c'est la présentation du message porté dans le discours et des enjeux qui lui sont liés ;
- l'argumentation : c'est l'exposé des faits et des raisons qui soutiennent l'opinion défendue dans le discours ;
- la péroraison : c'est la clôture du discours, qui vise à synthétiser le propos et à conclure par une formule.

Hormis des termes un peu baroques, vous aurez sans doute compris la technique qui consiste à délivrer une accroche, un message, un développement et une conclusion assortie d'une chute. Rien de bien révolutionnaire là-dedans, et pour cause, cette méthode a plus de 2 000 ans ! Cependant, notez bien l'idée de la chute qui achève le discours : avec un peu de travail et un peu de talent (vous remarquerez que le premier appelle le second), c'est ce qui fait la différence entre une intervention « bateau » et un discours qu'on retiendra.

Si vous avez besoin d'un moyen mnémotechnique pour devenir un brillant rhéteur aristotélicien, retenez l'image d'un menu de gastronome (plutôt que ces mots barbares) :

- un apéritif : c'est la mise en bouche qui aiguise l'appétit ;
- une entrée : c'est le mets de choix qui permet… d'entrer dans le vif du sujet ;
- le plat principal : c'est le plus complexe et le plus important en quantité ;
- le dessert : c'est la clôture, qui doit laisser une sensation agréable ;
- le digestif : c'est la touche finale qui permet de finir en beauté.

L'image n'est pas parfaite et ressemble un peu à un gloubiboulga (faut-il s'en étonner pour une métaphore prandiale ?), mais elle peut aider à visualiser la cohérence et l'unité du discours. Par ailleurs, comme pour la gastronomie, souvenez-vous que certains plats appellent certains vins, comme certains messages appellent certaines figures de style. Et qu'il ne faut pas tout mélanger sous peine de s'enivrer ou de laisser un arrière-goût désagréable…

Les règles de l'écriture informative

L'écriture informative est la méthode utilisée par les professionnels du journalisme et des relations presse. Il ne s'agit pas de vous transformer en pigiste occasionnel mais les techniques des métiers de l'information peuvent vous inspirer au même titre que celles d'Aristote, car les contraintes liées à l'objectif sont les mêmes : un journaliste doit faire passer un message à un lecteur ou à un téléspectateur contaminé par le virus du zapping et dont l'attention est généralement très flottante.

Ainsi, les dépêches d'agence sont construites en « pyramide inversée », c'est-à-dire en allant du plus important au moins important, avec d'abord l'idée générale et ensuite l'information contextuelle. L'idée générale est qu'une dépêche doit pouvoir être coupée n'importe où sans que le message principal soit altéré ; cette contrainte est liée à la question de la place disponible dans les médias papier, mais il n'est pas inutile d'y repenser en rédigeant votre discours car un auditeur peut décrocher n'importe quand et penser à tout autre chose qu'à ce que vous racontez.

Néanmoins, vous bénéficiez à l'oral de quelques techniques pour pallier les chutes d'attention, donc ne paniquez pas si vous échouez à construire votre propos comme une dépêche. Par ailleurs, n'abusez pas de la comparaison : si le premier paragraphe d'une dépêche doit pouvoir se suffire à lui-même, faire la même chose dans un discours serait particulièrement abrupt et la suite de votre intervention n'aurait alors plus beaucoup d'intérêt.

En revanche, la technique dite de la « pyramide inversée » peut vous servir de plan de développement en trois parties :

- l'information qui concerne directement l'auditoire ou l'occasion du discours ;
- l'objectif ou les valeurs de l'entreprise en ce qui concerne le sujet évoqué ;
- la comparaison avec l'existant ou les conséquences attendues de l'annonce.

Dernier point à prendre en compte le cas échéant : l'exposé d'une chronologie est un exercice délicat et il passe généralement très mal à l'oral. À moins que votre discours concerne la commémoration d'un événement historique, tâchez d'éviter l'exposé d'une chronologie linéaire qui consiste à remonter aux origines en racontant toute l'histoire point par point. Préférez, au contraire, la mise en exergue de quelques événements saillants : décisions phares, obtentions de budgets, signatures de partenariats…

Par ailleurs, ne perdez pas de vue que vos auditeurs sont avant tout intéressés par ce qui se passera demain, et non par ce qui s'est passé hier ! En guise de repère, sachez que l'ordre chronologique pour stimuler l'intérêt de votre auditoire est le suivant :

- demain ;
- aujourd'hui ;
- hier ;
- après-demain ;
- avant-hier.

Placer une annonce au sein d'un discours

Peut-être aimez-vous ménager le suspense, mais un discours n'est pas un roman policier. L'attention de vos auditeurs n'est jamais acquise, et elle se relâchera très vite s'ils ont l'impression que vous vous écoutez parler plutôt que d'en venir au fait. Si vous avez une annonce importante à faire, veillez à la faire figurer assez vite dans votre discours. D'ailleurs, si c'est quelque chose d'inattendu ou de percutant, c'est cette annonce qui éveillera la curiosité et l'attention de votre auditoire.

En revanche, soyez logique : l'annonce de rendez-vous à venir (dans le cadre d'une consultation interne ou d'un projet en cours) doit figurer à la fin plutôt qu'au début, sans quoi la suite de votre discours noiera les dates annoncées. Mais n'abusez pas non plus de ce conseil et évitez d'annoncer des dates ultérieures comme un *post-scriptum* de votre intervention, ce qui gâcherait clairement votre conclusion. Solution passe-partout : utilisez ces rendez-vous comme éléments de votre conclusion, tout simplement !

Situation particulière : si votre intervention a pour objectif principal (ou même secondaire) de remercier des partenaires, prenez soin de le faire correctement. S'il s'agit d'un discours de convenance et que vous remerciez les puissances invitantes, faites-le dès l'accroche. S'il s'agit de remercier des personnes ou des entités ayant travaillé sur un projet, placez les remerciements au début du développement. Enfin, si vous souhaitez surtout remercier une personne en particulier ou lui rendre hommage, faites-le plutôt vers la fin du discours.

Remercier : énumérer ou synthétiser

Une entreprise est un regroupement d'êtres humains avant d'être un regroupement de capitaux, et si le salaire est une rétribution financière évidente pour quiconque y travaille, la rétribution symbolique que constituent la reconnaissance et les remerciements n'est pas à négliger. Pour autant, comment procéder lorsque vous avez de nombreuses personnes à féliciter ou à remercier ?

Afin de ne pas lasser l'auditoire, on peut être tenté par une formule synthétique du type *« merci à toute l'équipe de la direction commerciale »*, mais l'effet est peu efficace : en voulant remercier tout le monde, on ne remercie finalement personne, et si l'équipe peut se sentir globalement saluée, personne ne se sent individuellement remercié.

Préférez une formulation simple, en essayant de transformer une litanie en anaphore, avec une formulation du type *« merci à... et... pour... ; merci à... et... pour... »*. Avec un peu d'efforts et d'imagination, vous pourriez faire rimer la fin de chaque remerciement, ce qui donne du rythme et un côté sympathique à l'ensemble.

Quoi qu'il en soit, évitez à tout prix la faute de goût qui consisterait à sélectionner arbitrairement qui a droit ou non à des remerciements. Si vous devez remercier dix personnes, faites-le, même si la tête de l'une d'entre elles ne vous revient pas !

Chapitre 8

Structurer son texte

Parfois, ce sont dans les formules les plus simples qu'on trouve les outils les plus performants. N'ayons pas peur de simplifier : ce sont avec des directives épurées qu'on obtient les meilleurs résultats. Et c'est bien souvent en compliquant la méthodologie à outrance qu'on n'arrive à rien. Voici donc trois grandes règles pour vous aider à rédiger votre intervention : la première vous aidera à structurer un discours efficace, la deuxième vous servira de pense-bête pendant la rédaction, et la troisième vous rappellera à l'ordre en cas d'égarement dans les méandres de la langue française.

ACOR : acquérir, confirmer, obtenir, résumer

Rien ne sert de commencer à écrire si vous ne savez pas ce que vous allez dire. Outre les règles évoquées précédemment, un outil utile pour structurer la rédaction d'une intervention est la formule ACOR. Elle sert avant tout à rédiger un discours convaincant mais elle peut être utile en toutes circonstances.

• Acquérir son auditoire

Le point central d'un discours n'est pas celui qui parle mais celui qui écoute. Vous devez donc gagner l'attention, voire la confiance, de votre auditoire. Pour cela, n'hésitez pas à balayer préventivement les éventuels blocages ou opinions défavorables. Évidemment, ne faites pas une liste des reproches qu'on vous adresse pour y répondre point par point, vous vous retrouveriez dans la position d'un fautif qui se justifie plutôt que dans celle d'un leader qui défend un point de vue.

L'idéal est de trouver un point d'appui pour rapprocher la position que vous défendez d'une opinion que vos auditeurs ont déjà admise. Autre option : posez une question dont la réponse est « oui », cela permet de mettre votre auditoire en position d'écoute avec une attitude *a priori* positive.

• Confirmer ce qui vous amène

Votre discours a un objectif clair, ne soyez pas ambigu sur le sujet. Qu'il s'agisse de présenter des vœux, défendre un projet à mener ou annoncer une mauvaise nouvelle, n'y allez pas par quatre chemins. Exposez les motifs de votre intervention sans fioritures. Même si vous décidez de raconter une histoire pour introduire votre propos, ne la faites pas traîner en longueur sous peine d'endormir tout le monde et de laisser penser qu'il s'agit d'une manœuvre dilatoire.

La règle est encore plus vraie s'il s'agit d'une mauvaise nouvelle (annulation d'un projet, chiffres trimestriels décevants, suppression d'emplois...). Si vous faites durer le suspens, loin de ménager les susceptibilités, vous allez irriter vos auditeurs. Ne soyez ni brutal ni abrupt, mais faites preuve d'humanité : annoncez les choses avec des mots simples et sans sous-entendu fumeux. Soyez bien conscient que si vous annoncez une mauvaise nouvelle, elle restera toujours une mauvaise nouvelle, même si vous racontez une belle histoire à côté.

- **Obtenir l'adhésion du public**

Une fois que les bases de votre intervention sont posées, il va falloir développer votre propos. Si vous choisissez de raconter une histoire, optez si possible pour une expérience vécue ; il sera alors plus facile de vous mettre en scène et de rendre le récit vivant. N'hésitez pas à faire dialoguer les personnages, cela vous permettra de caser des phrases courtes et des formules choc pour rendre l'ensemble plus vivant et plus authentique.

Si votre discours laisse moins de place à la créativité ou que vous n'avez pas l'âme d'un conteur, vous n'avez pas cinq cents options pour convaincre : exposez les faits en étant le plus concret possible et détaillez vos arguments en partant du plus rationnel pour aller vers le plus émotionnel : cela montrera que vous êtes non seulement un professionnel expérimenté, mais aussi un être humain capable de communiquer des sentiments.

- **Résumer votre intervention**

Ne bâclez pas la fin de votre discours. Si votre public est convaincu, si vos auditeurs sont enthousiastes, si votre message est correctement compris, alors vous avez accompli votre mission. Mais ne ratez pas cette dernière occasion pour répéter ce que vous avez dit. Bien sûr, ne reprenez pas votre intervention du début à la fin, soyez concis et précis : c'est sur ces dernières paroles que votre auditoire vous quitte et il doit conserver de vous l'image d'une personnalité dynamique.

Si l'occasion s'y prête, présentez les conséquences positives du projet que vous portez, les bénéfices attendus de l'action que vous engagez ou les grandes lignes du plan d'action à venir : on adhère plus facilement à un discours lorsqu'on identifie ses conséquences immédiates et ses bienfaits futurs.

Enfin, si vous avez l'âme littéraire et que vous tenez absolument à placer une citation de votre auteur favori, profitez-en, c'est le bon moment !

Les 4 C : clair, court, concret, compréhensible

Pour que votre discours soit efficace, c'est-à-dire entendu et retenu, inspirez-vous des 4 C. Sans ce petit mantra, vous avez peu de chance de captiver votre auditoire...

• Soyez clair

Oubliez les circonvolutions et les sous-entendus, les annonces avant l'annonce et autres effets de manche pour ménager le suspense ou les susceptibilités. Indiquez la direction que vous souhaitez prendre, la destination que vous voulez atteindre et les moyens à employer pour y parvenir. Loin de manquer de subtilité, une personne claire inspire confiance car elle maîtrise son sujet et connaît ses objectifs. N'est-ce pas là la marque d'un leader ?

• Faites court

Comme en gastronomie ou en arts plastiques, la quantité n'est pas révélatrice de la qualité. Plus votre intervention est longue, plus vous risquez d'endormir votre auditoire. Même avec la meilleure volonté du monde, la capacité d'écoute humaine est limitée et personne ne peut rester concentré pendant un discours de trois quarts d'heure. Même si vous êtes doué et percutant, le cas échéant, tout ce qu'on retiendra de votre discours, c'est qu'il a été long… Dites ce que vous avez à dire, et tenez-vous en là.

• Restez concret

Si une belle métaphore ou une envolée lyrique peut marquer les esprits et susciter l'enthousiasme, n'en abusez pas. *Idem* pour les chiffres et les détails, ils sont trop abstraits pour être parlant. Prenez l'exemple de la Russie : elle fait 17 millions de kilomètres carrés, qu'est-ce que cela vous évoque ? Pas grand-chose… Plus concrètement, cela représente vingt-cinq fois la superficie de la France. Vous comprenez ? Utilisez des images et des comparaisons pour rendre l'abstrait plus concret, c'est la clé pour être compris, et c'est bien le premier but poursuivi.

- **Soyez compréhensible**

Lorsque vous intervenez en public, l'objectif n'est pas de vous faire plaisir ou de vous sentir intelligent. Rangez donc dans votre tiroir les sigles abscons et autres expressions barbares. Ne parlez pas de « DBM » ou de « fongibilité asymétrique des crédits » au motif que vous savez de quoi il s'agit : c'est à votre auditoire qu'il faut parler, pas à vous-même ! Oubliez tout jargon professionnel ; un discours est un dialogue dans lequel vous devez utiliser la langue du destinataire.

KISS : keep it simple, stupid !

Quoi qu'il arrive, restez simple. Si vous avez le choix entre deux mots, utilisez le plus simple. Si vous avez le choix entre deux phrases, utilisez la plus simple. Si vous avez le choix entre deux métaphores, utilisez la plus simple. Le message est clair ?

Les Anglo-Saxons utilisent la formule KISS (pour « *keep it simple, stupid* ») afin de se souvenir qu'il faut rechercher la simplicité dans la conception et que toute complexité non nécessaire devrait être évitée. Rappelez-vous de ce mot, c'est simple comme un bisou !

Au pire, si cela vous ennuie de vous faire traiter d'idiot, les déclinaisons de l'acronyme KISS sont multiples, notamment :

- *keep it small & simple* : « bref et simple » ;
- *keep it sweet & simple* : « agréable et simple » ;
- *keep it short & simple* : « court et simple » ;
- *keep it simple & smart* : « simple et malin » ;
- *keep it super-simple* : « super-simple » ;
- *keep it sober & significant* : « sobre et significatif ».

Dans le même registre, souvenez-vous du rasoir d'Ockham, qui transforme en art de vivre la théorie de la simplicité. Ce principe de raisonnement philosophique a été formulé ainsi par son auteur, le franciscain Guillaume d'Ockham (XIVe siècle) : *« pluralitas non est ponenda sine necessitate. »* Traduit littéralement, on obtient : *« les multiples ne doivent pas être utilisés sans nécessité. »* C'est assez clair, non ?

En substance, retenez qu'il faut rester simple et aller droit au but pour toucher la vérité. Et si vous n'êtes toujours pas convaincu, il n'y a plus grand-chose à faire pour vous ! Sauf peut-être vous laisser méditer sur cette citation de Léonard de Vinci : *« la simplicité est la sophistication suprême. »*

Chapitre 9

Surmonter les difficultés

Vous contenter d'un discours correct est tout à fait respectable, mais vous valez sans doute mieux que cela ! Quelles que soient les petites difficultés de rédaction que vous rencontrez, elles ne doivent pas vous arrêter.

Et une fois l'obstacle initial levé, vous pouvez sans doute améliorer le rythme de votre texte... et l'ergonomie de sa lecture en prévision de votre grand oral !

Difficultés et solutions pour chaque partie du discours

Rédiger un discours est un exercice passionnant, mais il arrive parfois que l'on bute sur un détail ou une difficulté qui transforme l'enthousiasme initial en épreuve douloureuse.

Pas de panique : chaque problème a sa solution !

- **Les salutations protocolaires**

Lors d'un discours public ou semi-public, l'intervention commence par l'adresse aux personnalités présentes et invitantes. Pour éviter de bousculer le protocole et de passer pour un gougnafier, référez-vous à l'ordre de préséance du décret n° 89-655 du 13 septembre 1989 modifié relatif aux cérémonies publiques, préséances, honneurs civils et militaires (facilement trouvable sur Internet). Avec ça, vous serez équipé pour prendre la parole devant le Bottin mondain !

À noter que l'ordre de préséance est l'inverse de celui des prises de parole (lorsque le cas se présente) : on commence par citer la personnalité la plus importante au sens protocolaire, mais ce sera généralement la dernière à parler.

Autre option, plus risquée mais qui peut faire son petit effet (ou un flop total, c'est selon) : optez pour une formule lapidaire qui regroupe tout le monde en quelques mots. Les francs-maçons utilisent par exemple une salutation typique : *« Mesdames et Messieurs, en vos grades et qualités... »*. Difficile de faire plus court ! À oublier toutefois si vous n'êtes pas un fils d'Hiram.

- **L'accroche**

Si on sait généralement ce que l'on veut dire, trouver le moyen de l'introduire est souvent plus compliqué. En cas de manque d'inspiration, un simple remerciement aux puissances invitantes peut suffire, mais vous ne risquez pas d'enthousiasmer les foules en vous limitant au service minimum.

Essayez plutôt de vous référer à un événement concret (visite de locaux, retour de vacances, nouvelle saison...) ou à un élément d'actualité (victoire sportive d'une équipe nationale, élections dans un pays voisin...). À défaut, commencez par une citation, si possible amusante, ou par un bon mot : mettre les rieurs de son côté n'est jamais perdu pour la suite du discours !

- **Le développement**

En cas de panne d'idée pour le développement d'un discours, n'ayez pas honte de piocher dans des recueils de discours ou des modèles types. Ce n'est bien sûr pas l'idéal, mais partir d'un modèle vous amène souvent à vous en éloigner plus que vous ne le pensiez au début, pour finalement écrire un discours très personnel. Où est le problème ?

Si c'est la clarté qui fait défaut, la solution tient en un mot : élaguez. Aucun mot que vous ne pouvez enlever sans changer le sens de vos phrases ne vous manquera au moment de faire votre discours. Et vous faites ainsi d'une pierre deux coups : en voulant faire plus clair, vous faites aussi plus concis.

- **La conclusion**

Frédéric Dard expliquait que « *les discours ressemblent aux courses cyclistes qui se gagnent dans les derniers mètres* ». Faites donc un effort pour terminer en beauté, même si ce n'est pas toujours évident. Éventuellement, commencez par rédiger la conclusion, comme ça vous saurez comment vous voulez terminer !

Dans le cas contraire, vous pouvez tout simplement synthétiser votre propos avec une formule du type « *ce que je voudrais donc que vous reteniez...* ». Répéter votre message vous garantit ainsi qu'il ne sera pas oublié. Et si vous séchez sur la chute ou que l'originalité n'est décidément pas votre point fort, vous pouvez toujours opter pour un « *je vous remercie* » en guise de point final. Simple et efficace.

Le bon rythme : écrire comme on parle

Qu'il s'agisse d'un film, d'un repas ou d'un rapport intime, une règle est universelle : la longueur ne fait pas la qualité. Eh bien, c'est pareil pour un discours ! Qu'on parle de la longueur des mots, de celle des phrases ou du discours dans sa totalité, n'essayez pas de faire long en imaginant faire bien, ce serait faire fausse route. Certes, il existe toujours cette tentation très française d'utiliser des phrases complexes et des mots compliqués pour montrer sa maîtrise de la langue, mais l'effet est généralement raté. Au mieux, on est pompeux, au pire, on est ennuyeux… Et ce n'est sans doute pas l'objectif que vous poursuivez.

Je vous le répète : un discours est un dialogue dans lequel vous devez parler la langue du destinataire. Oubliez donc les tournures emberlificotées (vous voyez l'effet que ça fait ?) et n'essayez pas d'imiter les intellos des émissions télévisées nocturnes. Cette soi-disant élite est avant tout un club de bavards et ses membres ont parfois l'air intelligent (et il arrive qu'ils le soient vraiment), mais finalement, que retenez-vous de ce qu'ils racontent ? Vous recherchez exactement inverse : être compris par tous, avec un message que chacun retiendra.

Pour écrire des phrases audibles et compréhensibles, il suffit de les lire à haute voix. Il n'y a pas à tergiverser : si ça choque l'oreille, c'est que c'est mal écrit. Si vous butez sur un mot, changez-en. Si vous bafouillez sur une tournure, modifiez-la. Et tant que vous y êtes, ne vous limitez pas à la longueur des mots ! Si vous n'arrivez pas à enchaîner deux propositions dans une même phrase, divisez l'ensemble en deux phrases. Si vous avez du mal à respirer, ajoutez de la ponctuation. Et si vous trouvez vous-même que votre discours est trop long ou trop ennuyeux alors que vous venez tout juste de l'écrire, imaginez un peu ce qu'en penseront vos auditeurs… Pas de pitié : élaguez !

Enfin, si vous êtes à l'aise dans la rédaction, essayez d'y ajouter du rythme. L'objectif n'est pas d'écrire un slam ou un poème, mais l'idée est là. Par exemple, si chacune de vos propositions fait le même nombre de syllabes et s'achève par le même son, vous pouvez être sûr que cela produira son petit effet. En cas d'effet d'annonce ou d'argument phare, n'hésitez donc pas à compter les syllabes ou à chercher délibérément un effet d'anaphore. En revanche, ne commencez pas à vous faire des nœuds à l'estomac sur la question des rimes plates ou des rimes croisées : l'important, c'est l'effet d'ensemble, pas le détail des règles d'écriture d'un sonnet. Vous n'êtes pas un troubadour...

Rédaction intégrale ou éléments de langage ?

Au moment de présenter un discours, plusieurs options s'offrent à vous pour le support écrit que vous souhaitez adopter. De la rédaction intégrale à la virgule près jusqu'au fil rouge émaillé de quelques idées en passant par tous les intermédiaires imaginables, quelle est la meilleure solution ? Tout dépend de vous, et du contexte !

Si vous n'êtes pas à l'aise à l'oral, oubliez les éléments de langage ou la minifiche avec quelques notes. Il vous faut un texte rédigé sur lequel vous appuyer ; cela vous évitera de paniquer, de bafouiller, de devenir tout rouge et de perdre votre souffle. En revanche, si parler en public n'a rien de perturbant pour vous et que vous aimez ça, votre choix est plus vaste en ce qui concerne le support écrit, et la solution idéale sera souvent dictée par les conditions de votre prise de parole.

Si vous faites une présentation un peu solennelle, un texte rédigé du début à la fin n'est pas superflu pour éviter une hésitation ou un temps mort trop long, dont l'effet serait désastreux. Idem s'il s'agit d'une situation critique (annonce d'un plan social, communication de crise...) ou quand l'émotion risque d'être au rendez-vous (hommage à un proche, commémoration importante...). Un discours rédigé ne vous empêchera pas de faire des ajouts ou des modifications au fil du texte, en fonction du déroulement des événements, mais mieux vaut un support dont on s'éloigne qu'un néant qu'on essaye de combler... Dernière chose : pensez à utiliser des caractères suffisamment grands pour vous (re)lire facilement.

À l'inverse, en cas d'une intervention dans un salon, une foire, une visite, surtout si la prise de parole a lieu au milieu d'un groupe de personnes mobiles, évitez de sortir vos quatre pages de texte si vous pouvez vous en dispenser. Cela n'empêche pas de préparer une intervention millimétrée en répétant votre discours auparavant (c'est même conseillé), mais contentez-vous autant que possible d'une petite fiche recto-verso, et conservez-la dans votre poche si vous êtes en mesure de le faire. Au surplus, dans ces situations encore plus qu'ailleurs, veillez à faire court. L'absence de mise en scène et les nombreuses sources de distractions environnantes limiteront l'attention de vos auditeurs à quelques minutes, voire à quelques secondes. Et surtout, parlez fort et restez souriant, il s'agit d'un exercice (qui se veut) décontracté !

Chapitre 10

Argumenter, persuader… et manipuler ?

Même si vous êtes un auteur né ou un conteur expérimenté, il existe quelques cas où une bonne histoire ne suffit pas. Parce que le contexte est tendu, que les auditeurs sont hostiles ou que la situation semble inextricable (ne rayez pas la mention inutile), le message ne passe pas forcément et vous devez alors utiliser d'autres techniques pour convaincre ceux qui vous écoutent.

Prenez donc une nouvelle feuille blanche et notez les atouts encore dans votre manche, car il va falloir argumenter pour défendre votre point de vue, persuader votre public même s'il est réticent, et peut-être manipuler un peu les plus difficiles à convaincre…

Argumenter : comparaison, réflexion, simplification

Une rapide recherche bibliographique vous mènera vers des dizaines d'ouvrages sur l'art de convaincre en utilisant des méthodes aussi diverses qu'opposées : l'induction, la déduction, le syllogisme, la dialectique… On y trouve à boire et à manger, mais c'est souvent la digestion qui est difficile. Pour ne pas vous y perdre, voici trois moyens pour étayer votre argumentation et votre histoire en cas de besoin.

- **Expliquer, comparer, rapprocher**

Le simple fait d'expliquer votre projet ou vos intentions est un argument en soi : vous mettez vos auditeurs dans la confidence et vous êtes transparent donc (*a priori*) fiable. On vous reprochera rarement de clarifier vos idées et cela offre l'avantage d'être un exercice facile ; il vous suffit de dire la vérité et de rassurer ceux qui vous écoutent.

Afin d'être plus clair, n'hésitez pas à comparer les indicateurs de votre projet à d'autres indicateurs : votre produit coûte moins cher qu'un autre, votre service est plus rapide qu'un autre, votre budget est plus économique qu'un autre, etc. En offrant un repère, vous rendrez votre message plus concret et si vous trouvez un comparatif déjà apprécié par votre public, vous faites coup double, puisque vous êtes encore meilleur !

- **L'autorité, le contre-pied, la communauté**

Même si cela ne prouve rien en soi, invoquer une figure d'autorité est toujours efficace : tel médecin recommande ce régime, tel acteur adore cette marque de chaussures, tel sportif boit cette boisson… Les possibilités sont infinies. Et vous pouvez aussi faire l'inverse : en prenant un exemple qui n'a pas marché et en expliquant que vous faites exactement le contraire, vous donnez de la crédibilité à votre raisonnement.

Dans le même genre d'idées, l'argument de la communauté est une tarte à la crème qui n'a pourtant rien perdu de son efficacité. Le précepte selon lequel « *qui se ressemble s'assemble* » se vérifie aussi dans un discours. En utilisant une opinion communément admise et en établissant un parallèle avec votre message, vous avez toutes les chances de faire mouche. Et les options ne manquent pas : le rêve d'un monde plus juste, le désir d'une ville plus propre, le besoin d'une alimentation plus saine, l'envie d'une société plus solidaire, le souhait de préserver les emplois...

- **Simplifier, grossir, répéter**

Souvenez-vous du rasoir d'Ockham et de l'acronyme KISS. Allez droit au but : racontez votre histoire, faites le lien avec votre message, exposez vos arguments et concluez avec un trait d'esprit. Si besoin (et dans la mesure du raisonnable), n'hésitez pas à embellir vos arguments pour amplifier la force de vos idées. Après tout, vous racontez une histoire, et rien ne vous interdit de présenter votre point de vue sous son meilleur jour, c'est même recommandé !

L'attention comme la mémoire auditive sont limitées, donc n'oubliez pas de répéter votre message. Dites-le au début, répétez-le à chaque argument, et rappelez-le pendant la conclusion. Si vos auditeurs ne doivent retenir qu'une seule phrase, il faut que ce soit celle-ci.

Persuader : la raison, l'émotion, l'action

Au-delà de la démonstration logique pour convaincre (ce qui ne suffit pas toujours), les techniques de persuasion s'appuient non seulement sur la raison, mais aussi sur l'émotion et l'action. Le discours s'articule alors en trois axes : prouver ce qu'on avance, émouvoir l'auditoire, confirmer l'adhésion par l'action.

- **Invoquer la raison**

Difficile de persuader sans argumenter. Qu'on le veuille ou non, on ne peut pas tout miser sur le charme et les métaphores séduisantes. Une bonne histoire peut servir d'argument mais ça ne suffit pas toujours. Référez-vous donc aux techniques mentionnées ci-dessus si vous manquez d'inspiration.

En cas de besoin, vous trouverez dans les prochains chapitres différentes méthodes pour trouver les bons arguments en fonction de votre objectif. Que votre but soit d'expliquer une décision, de convaincre votre auditoire ou d'inciter vos collaborateurs à l'action, il faudra affiner votre discours et concentrer vos efforts pour y parvenir. N'ayez crainte : à cœur vaillant, rien d'impossible !

- **Provoquer une émotion**

Après avoir exposé vos arguments, vous devez essayer de toucher votre public, que ce soit pour l'émouvoir, le charmer, l'alerter... Évidemment, vous pouvez vous appuyer sur un personnage ou sur la chute de votre histoire comme point de départ, mais cherchez aussi à établir une connexion avec votre auditoire afin de toucher sa sensibilité.

Si vous avez des points communs, des idées similaires, des expériences partagées, c'est là qu'il faut appuyer. Rappelez, par exemple, les débuts difficiles de votre aventure entrepreneuriale à vos investisseurs, ou remémorez à vos salariés la randonnée sauvage de votre dernier séminaire d'entreprise. Plus vos auditeurs pourront s'identifier à ce que vous dites, plus votre discours sera efficace.

- **Imaginer une action**

Pour terminer votre intervention en beauté, demandez à ceux qui vous écoutent de faire quelque chose qui va dans le sens de votre propos. Ne leur demandez pas l'impossible : l'action proposée doit être significative, mais facile à réaliser. Signer une charte de bonne conduite, faire un don pour un organisme, remplir une feuille de suggestions, se porter volontaire pour un projet, les possibilités ne manquent pas... et n'hésitez surtout pas à innover !

En transformant la parole en geste, vous permettez à votre auditoire de mieux retenir votre discours. Par ailleurs, les gens ont du mal à rebrousser chemin quand ils ont commencé à avancer dans une direction. En toute logique, s'ils commencent à agir pour confirmer vos dires, ils auront ensuite du mal à vous contredire. Et c'est bien l'objectif poursuivi, non ?

Manipuler : la fragilité, les sentiments, l'intox

La manipulation est à la mode. Dans les médias, dans les romans, dans les séries télévisées, nombreux sont les maîtres de la manipulation qui sont glorifiés ; à tort ou à raison, libre à chacun de trancher, et rien n'interdit de faire de la pédagogie. *Grosso modo*, la manipulation consiste à priver vos auditeurs de leur liberté de choisir, pour les amener à faire le choix que vous leur imposez. Certes, c'est efficace… à condition de ne pas être démasqué ! Si votre public s'apercevait de la manipulation, vous auriez bien du mal à gérer la situation.

- **Cadrer**

Pour faire simple, l'effet de cadrage consiste à mettre l'accent sur un point plutôt qu'un autre, voire à mentir par omission. Cette méthode est fréquemment utilisée par les médias, les politiques et les publicitaires car elle est efficace et somme toute peu risquée : on vous reprochera beaucoup d'avoir menti mais on vous reprochera moins de n'avoir pas tout dit.

À titre d'exemple, pensez aux libérations d'otages, quand chacun se félicite d'une fin heureuse mais oublie de mentionner les tractations secrètes souvent peu reluisantes qui ont permis d'obtenir le résultat escompté. Ou imaginez l'annonce d'un plan social qui passe rapidement sur les licenciements pour en valoriser les conséquences positives... À manier avec prudence !

- **Fragiliser**

Pour mieux faire passer la pilule en cas d'annonce difficile ou de contexte peu favorable, tentez de mettre vos auditeurs en situation de fragilité. Pour cela, vous pouvez utiliser différents ressorts, parmi lesquels la culpabilité et la peur. Si vous donnez mauvaise conscience à votre public ou si vous l'inquiétez, il sera plus conciliant, surtout si vous parvenez à incarner ensuite l'image de celui qui le rassure ou lui offre une solution.

- **Autres options : la confusion et la domination**

En semant le trouble dans l'esprit de votre auditoire, par exemple par des chiffres contradictoires ou la remise en cause de la crédibilité d'un contradicteur, vous prendrez l'ascendant sur lui. *Idem* si vous trouvez une brèche dans laquelle vous engouffrer, qu'il s'agisse d'un défaut de raisonnement, d'un manque d'information ou d'un comportement peu reluisant. Veillez cependant à ne pas abuser de ce procédé si vous ne voulez pas vous forger l'image d'un sniper déshumanisé.

- **Désinformer**

N'y allons pas par quatre chemins : désinformer, c'est mentir, et je ne vous le recommande pas. Si le pot aux roses est découvert, vous passerez pour un salaud doublé d'un imbécile (parce que vous aurez menti et que vous vous serez fait prendre). Démentir fermement une accusation fondée, ou affirmer vigoureusement quelque chose de faux, c'est toujours une mauvaise idée, surtout à l'époque d'Internet.

Si vraiment vous y tenez, vous pouvez toujours essayer, mais tâchez au moins de limiter la casse. La désinformation est toujours plus efficace lorsqu'elle repose sur des données réelles et des informations authentiques. Noyez votre mensonge parmi de nombreuses vérités et, autant que possible, dites quelque chose que vos auditeurs ont envie de croire... puis croisez les doigts pour que personne ne vous dénonce.

Chapitre 11

Expliquer : réussir une présentation

La pédagogie n'est pas l'apanage des profs (vous en doutiez ?). Que vous ayez pour mission de présenter un bilan, de lancer un projet ou d'exposer les raisons d'une décision difficile, vous devrez faire preuve de clarté et d'emphase. Anticipez la demande, repérez les difficultés et proposez des solutions.

Avec de bons arguments et un plan logique, votre explication sera à la fois limpide et enthousiasmante. Et si votre message est négatif, vous aurez toujours tout à gagner à ce qu'il soit le mieux compris possible.

Proposer un bilan et un plan d'action

Le traditionnel exercice du diagnostic et des propositions donne des sueurs froides à bien des managers. Si l'on fait le bilan de son propre service, on craint de pointer ses propres insuffisances. Si on fait le bilan d'un autre service, on a peur de passer pour celui qui critique le travail de ses collègues. Et pourtant, comment savoir où l'on peut aller si l'on ignore d'où l'on part ? N'ayez pas peur de cet exercice, il peut être le tremplin vers de nouvelles aventures !

• Identifier les atouts, expliquer les faiblesses

Qu'il s'agisse de votre service ou de celui de quelqu'un d'autre, commencez par montrer ce qui va bien. Tout ce qui va bien : les réussites passées, les réussites présentes, les projets stimulants, les bénéfices dégagés, les ressources humaines dynamiques, une nouvelle recrue prometteuse, des équipements de pointe, des procédures efficaces… Si tout va pour le mieux dans le meilleur des mondes, dites-le. Si c'est grâce à vous, ça vous fera de la pub à peu de frais. Si c'est grâce à un collègue, il sera heureux d'entendre tout le bien qu'il pense de lui-même dans la bouche de quelqu'un d'autre.

Si les atouts vous semblent difficiles à trouver, tentez (avec humour) la stratégie du verre à moitié plein : *« malgré le ratage total de l'an dernier, nous avons limité la casse en inventant de nouvelles procédures et les caisses ne sont donc pas tout à fait vides »* ou : *« notre dernière stratégie a remarquablement échoué mais ce fut une source d'enseignement et l'expérience acquise nous permet de repartir sur de bonnes bases. »* Ce n'est pas reluisant, mais c'est quand même beaucoup mieux que si c'était moins bien !

Après avoir passé la brosse à reluire (ou le cache-misère) pour mettre vos auditeurs dans de bonnes dispositions, pointez les faiblesses. Ce n'est pas forcément l'exercice le plus agréable du monde mais cela vous offre deux avantages. D'une part, on risque de vous tenir responsable d'un éventuel échec lié à ces faiblesses si vous les dissimulez. D'autre part, le mérite n'en sera que plus grand si vous parvenez à les expliquer. En revanche, ne vous contentez pas de dire : *« bon, et puis on est nul ici et nul là, et pas bien meilleur ici et là non plus »* ; il faut expliquer chaque faiblesse pour montrer que vous avez identifié qu'elle existe et pourquoi elle existe.

• Proposer des solutions, demander des moyens

Une fois que les faiblesses ou les échecs sont identifiés, ne vous justifiez pas : assumez. C'est votre job ; vous êtes un meneur de projets, pas un mauvais élève pris les doigts dans le pot de confiture. Montrez que vous regardez l'avenir et anticipez les reproches et les questions. Chaque problème a sa solution, chaque échec a son explication, chaque dysfonctionnement a sa réparation. À vous de trouver laquelle.

Et si vous n'y parvenez pas, expliquez pourquoi. Éventuellement, demandez de l'aide ou l'expertise d'un tiers, ou reconnaissez que l'idée de départ était mauvaise. Si vous perdez 1 000 dollars au poker parce que vous jouez comme un pied, pensez-vous que ce soit une bonne idée de continuer en changeant le paquet de cartes plutôt que d'arrêter les frais en reconnaissant que c'était une mauvaise idée d'entrer dans ce casino ? Je le répète : ne vous justifiez pas, assumez. Conservez comme un mantra cette phrase de Peter Drucker : *« Rien ne sert de défendre le monde d'hier quand on peut construire le monde de demain. »*

Après avoir énoncé les solutions que vous proposez, demandez qu'on vous accorde les moyens de les mettre en œuvre. Ne dit-on pas qu'il faut se donner les moyens de ses ambitions ? Si plusieurs solutions sont envisageables, proposez aux décideurs d'arbitrer entre la stratégie du moins-disant et la stratégie du mieux-disant. En substance, de choisir entre ce qui coûtera le moins cher et ce qui marchera le mieux pour la somme investie, entre le plus petit prix et le meilleur rapport qualité-prix...

• Identifier l'objectif, expliquer les étapes

Si vous devez proposer un plan d'action après la présentation du bilan, annoncez d'emblée l'objectif final. Voyez grand. Votre but n'est pas de préserver le *statu quo* dans votre marché, d'intéresser plus ou moins votre public captif ou de n'être pas trop ridicule à côté de la concurrence. Vous devez viser loin pour inspirer la force d'accomplir le chemin, et cela offre un autre avantage ; alors que tout le monde veut plus ou moins gravir une colline, peu de gens veulent déplacer des montagnes. Résultat : aussi contradictoire que cela puisse paraître, la compétition est moins rude pour atteindre les sommets, puisqu'il y a moins de compétiteurs.

Mais déplacer la ligne d'horizon de plusieurs kilomètres ne servira à rien si vous ne tracez pas l'itinéraire à parcourir. Pensez aux pèlerins de Compostelle. Alors qu'ils parcourent une randonnée de 3 000 kilomètres, ils anticipent chaque étape en prévoyant la distance à parcourir chaque jour et les endroits où dormir chaque nuit. Faites la même chose avec votre projet : prévoyez un plan d'action que vous allez diviser en étapes, chacune d'elles étant le palier vers la suivante. En montrant que vous savez où vous allez et comment y aller, vous serez à la fois convaincant pour vos interlocuteurs et motivant pour vos collaborateurs.

La meilleure façon de procéder est d'utiliser un calendrier et d'établir un planning ou un rétroplanning. La différence entre les deux n'est qu'une question de raisonnement ; alors que le premier part d'aujourd'hui et fixe les objectifs à atteindre au fur et à mesure que le temps s'écoule, le second part de la date butoir et fixe les tâches à accomplir avant chaque échéance. Peu importe la méthode que vous choisissez, l'important est de pouvoir fournir un calendrier plus ou moins précis. En ancrant ainsi votre projet dans la temporalité, vous le rendez concret aussi bien pour ceux qui doivent le valider que pour ceux qui doivent vous aider à le réaliser.

• Proposer des actions, demander des soutiens

Après avoir fixé le calendrier et les tâches à accomplir en vue de parvenir à votre objectif, il vous reste à proposer des actions. Évitez les *« y'a qu'à »* et les *« faut qu'on »*, soyez aussi précis que possible : *« L'équipe logistique doit vérifier la disponibilité du matériel pour le 15 octobre et s'en assurer le cas échéant »* est une demande bien plus explicite qu'un vague *« Faut vérifier si c'est faisable pour l'automne »*. Pour chaque étape à franchir, il y a des choses à faire : dites quoi, dites comment, dites qui et dites quand.

Si vous manquez de cette visibilité pour cette étape cruciale de la présentation de votre plan d'action, imaginez le rôle de chacun et proposez les actions à accomplir. Au besoin, dessinez un organigramme et faites-le valider point par point par vos décideurs et les personnes impliquées. *Idem* pour les missions : soumettez les tâches à remplir et le nom des personnes auxquelles vous pensez, cela montrera que vous avez su vous projeter dans l'action et pas seulement dans la conceptualisation.

Enfin, si vous constatez des réticences dans l'engagement de vos collaborateurs ou de vos homologues d'autres services, n'hésitez pas à demander des soutiens. Expliquez en toute sincérité que vous êtes motivé pour porter le projet mais que vous n'êtes pas en mesure de le mener à bien tout seul et que l'implication de chacun est nécessaire.

En responsabilisant vos interlocuteurs et vos partenaires, vous les engagez publiquement à vous aider afin que tout se passe bien.

Lancer un projet, un produit ou un service

Le lancement d'un projet, d'un produit ou d'un service demande parfois une intervention publique, qu'il s'agisse d'une information au sein de l'entreprise, d'une annonce devant des partenaires ou d'une présentation devant la presse. Ne soyez pas craintif, vous bénéficiez alors d'une belle occasion d'impulser une dynamique à ce lancement et de renforcer votre image de marque en tant que patron ou manager.

Au besoin, reportez-vous au chapitre 6 pour vous inspirer des techniques du *storytelling* ou de la formule mise au point par Steve Jobs lors de ses *keynotes*. Si vous ne vous sentez pas à la hauteur du gourou des *applemaniacs*, conservez quand même les grandes lignes méthodologiques de ce champion de la communication et racontez une petite histoire pour accrocher votre public. Vous pouvez aborder la genèse du projet, les réactions des premières personnes à qui vous en avez parlé, la merveilleuse cohésion de groupe née de l'aventure qui s'achève aujourd'hui, l'immense satisfaction que vous ressentez à présenter ce nouveau produit… Racontez ce que vous voulez, mais arrangez-vous pour transmettre deux émotions : la fierté et l'enthousiasme.

Parlez ensuite du contexte général qui entoure votre annonce. Faites un état général du marché, saluez les réussites, pointez les échecs. Éventuellement, soyez un brin critique et relevez les besoins non satisfaits, mais ne tombez pas dans le dénigrement de la concurrence ou l'attaque facile d'un prédécesseur qui a échoué. N'hésitez pas à vous inscrire dans l'histoire en expliquant les grandes étapes de votre idée, les inventions qui vous ont inspiré ou les découvertes qui vous ont guidé.

Lorsque votre public n'attend plus que ça, révélez l'objet de votre présence. Qu'il s'agisse d'un projet innovant, d'un produit révolutionnaire ou d'un service inédit, essayez de le résumer avec une formule simple. Pensez à la présentation de l'iPhone en 2007 : *« un iPod, un terminal Web, un téléphone... un iPod, un terminal Web, un téléphone... vous saisissez ? Je ne vous parle pas de trois nouveaux produits, mais d'un seul ; c'est à la fois un iPod, un terminal Web et un téléphone ! »* Bien sûr, ce ne sera pas toujours aussi aisé, mais l'idée est là : soyez simple et n'hésitez pas à faire référence à des produits déjà existants pour permettre à vos auditeurs de visualiser ce dont vous parlez. Des exemples ? Essayons ! Pourquoi pas...

- Le Domino's Pizza de la gastronomie andalouse ?
- La Ferrari des vélos tout-terrain ?
- Le Lidl de la production audiovisuelle ?
- Le Club Med du raid en pleine nature ?
- Le projet Galileo du recyclage de masse ?

Après cela, il vous reste à rendre votre annonce un peu plus concrète. Car une formule choc ne suffit pas ; la poésie ne remplace pas la qualité de vie. Présentez donc les avantages pour le consommateur, les bénéfices pour l'acheteur, les conséquences positives pour les citoyens, les avancées espérées pour le bien commun. Vendez du rêve... si vous êtes capable d'en fournir.

Annoncer une décision difficile

Tout ne va pas toujours pour le mieux dans le meilleur des mondes. Que votre environnement professionnel soit une PME, un grand groupe, une institution politique ou une association, il vous arrivera probablement d'annoncer des mauvaises nouvelles à vos collaborateurs, subalternes, investisseurs ou partenaires. Cerise sur le gâteau : vous serez parfois le décideur et on vous en voudra à ce titre, et vous ne serez parfois que le messager mais on vous en voudra quand même.

C'est que le concept de décision est attaché au pouvoir, donc à la direction, à l'élu ou au manager qui en est le représentant. Il doit en être de même pour la décision et pour son annonce : vous ne pouvez pas faire un effort de réflexion en vue de trancher et l'annoncer en laissant libre cours à l'improvisation. C'est peut-être au sommet de la pyramide qu'on décide, mais c'est le messager qui essuie les plâtres : rappelez-vous que, jadis, on tranchait la tête du messager apportant une mauvaise nouvelle, l'information mourant ainsi en même temps que son porteur. Pour garder la tête sur les épaules (dans tous les sens du terme), adaptez donc votre annonce au contexte, en choisissant le bon moment et en faisant preuve de transparence, mais sans mettre de côté votre devoir de réserve.

Au cas où vous seriez en total désaccord avec l'annonce que vous devez faire, ne vous défaussez pas sur votre hiérarchie ou sur des facteurs externes. Rien ne vous empêche de le préciser au cours de l'annonce (si cette dernière n'est pas faite devant des personnes extérieures à votre structure), mais ne vous attardez pas là-dessus : *« Je dois vous annoncer une décision que je réprouve mais sur laquelle je ne peux pas revenir »* suffira amplement pour signaler votre distance. Dans le même ordre d'idées, ne vous perdez pas en excuses ou en justifications, cela ne ferait que vous affaiblir et agacerait votre interlocuteur.

Retenez une chose : quelle que soit la façon dont vous l'annoncerez, une mauvaise nouvelle sera toujours une mauvaise nouvelle. Elle risque d'engendrer insatisfaction et mécontentement et ces sentiments négatifs peuvent être contagieux ; évitez tout ce qui pourrait aggraver la situation. Si vous licenciez quelqu'un que vous ne supportez pas par ailleurs, ne profitez pas de l'entretien préalable pour régler vos comptes. À l'inverse, ne faites pas non plus comme si ce n'était pas grave avec des formules du type : *« Je ne m'inquiète pas pour vous, vous retrouverez vite un emploi. »* Proposez plutôt des mesures d'accompagnement comme un bilan de compétences ou des lettres de recommandation.

En ce qui concerne le choix du moment, ne jouez pas le faux naïf avec un *« hasard du calendrier »* qui vous pousse à annoncer un plan social la veille des vacances d'été ou un licenciement avant les fêtes de Noël. Peut-être que procéder ainsi vous soulagera, mais ce serait à la fois égoïste et inhumain. Le choix du moment est souvent aussi important que les arguments. Et concernant ces derniers, n'y allez pas par quatre chemins.

Dans ce type de situation, essayer de raconter une histoire ou de faire monter le suspense est aussi dépourvu de sens que d'annoncer un décès avec le sourire. N'imaginez pas devoir faire un choix entre être efficace ou être affectif : c'est en étant direct et sincère que vous ferez le mieux passer la pilule, pas en vous cachant derrière votre petit doigt ou en fuyant vos responsabilités.

Chapitre 12

Motiver : inciter à l'action

Défendre un projet, motiver son *staff* et encourager la prise de risque, voilà qui est plus facile à dire qu'à faire ! Exigence managériale autant que défi humain, la mise en place d'un environnement propice à l'action et à l'initiative est pourtant à votre portée si vous utilisez les outils adéquats...

Défendre un projet

Malgré votre enthousiasme, vos compétences managériales et votre certitude d'avoir la poule aux œufs d'or dans votre ligne de mire, il n'est pas dit que tout le monde partage votre avis. Que votre idée soit trop iconoclaste pour faire l'unanimité ou qu'il faille faire des arbitrages budgétaires, vous devrez souvent défendre votre projet devant des publics différents : un conseil de surveillance un peu trop conservateur, un comité de direction pusillanime, des actionnaires dubitatifs... Ce ne sont généralement pas les contradicteurs qui manquent quand on veut faire bouger les choses !

Première chose à souligner dans votre plaidoyer : l'identification d'un besoin non satisfait. Cela peut être une procédure interne à améliorer pour la rendre plus efficace, un produit qui satisferait l'envie de votre marché ou un service qui répondrait à une demande, vous devez mettre en avant le fait que vous allez rendre un service. Cela vous permet d'enchaîner sur les avantages pour l'entreprise en soutenant le projet : rentabilité, notoriété, crédibilité, innovation, positionnement, économies... Adaptez votre discours à votre public pour trouver le critère qui emportera son adhésion.

Ensuite, comme lorsque vous devez dresser un bilan ou proposer un plan d'action, faites le constat de la situation initiale, afin de dire d'où vous partez : mettez en avant les atouts, pointez les faiblesses, expliquez les raisons de ces dernières, trouvez une solution pour chacune d'elles, demandez les moyens d'accomplir votre mission et agrégez les soutiens autour de votre projet.

En prenant le soin d'expliquer l'avantage concurrentiel que vous pouvez obtenir, divisez votre objectif final en étapes à franchir et proposez un calendrier. Montrez que vous savez où vous voulez aller et que vous savez comment y parvenir. Même si votre enthousiasme est palpable (et c'est un atout), concentrez-vous sur les bénéfices à attendre pour l'entreprise plutôt que sur le plaisir que vous allez en retirer.

Enfin, n'oubliez jamais que le nerf de la guerre est souvent l'argent. Que vous soyez en poste dans un grand groupe, dans une collectivité territoriale, dans une toute petite PME ou dans une association, les enveloppes budgétaires ne sont pas extensibles et peu de gens financent à fonds perdu les lubies ou les envies de leurs employés. Autant que possible, appuyez-vous sur des chiffres. En substance : combien ça coûte, et surtout, combien ça rapporte. Là aussi, tentez de proposer un calendrier mettant en avant le retour sur investissement. Dans l'absolu, rien n'est cher si la dépense est rentable ; vous pouvez obtenir plus facilement un budget de 1 million d'euros si vous arrivez à convaincre que vous allez en rapporter 3 dans les deux ans qui viennent qu'un budget de quelques dizaines de milliers d'euros si vous n'arrivez pas à prouver qu'ils seront bientôt de retour dans les caisses ou utiles à la mission de votre structure.

Stimuler la motivation

Les salaires, les téléphones de fonction et les congés payés sont probablement des raisons qui poussent beaucoup de gens à se lever chaque matin pour aller travailler. Mais si vous voulez une équipe efficace, rien ne remplacera jamais une bonne stratégie de communication motivationnelle. Pour cela, vous devez donner du sens au travail de vos équipes : votre *staff* a besoin de savoir d'où il part et vers où il va si vous voulez enclencher une dynamique positive.

Que ce soit en réunion, en entretien individuel ou même lors d'une conversation informelle (qui peut être provoquée au besoin...), vous devez donc informer vos collaborateurs.

Toute information complémentaire que vous leur donnez ajoute un sens supplémentaire à leur activité professionnelle. L'époque de la rétention d'information comme attribut du pouvoir est révolue, le véritable leader est désormais celui qui fluidifie la transmission des savoirs et de la connaissance.

Si la communication d'information est généralement descendante (elle part de la hiérarchie pour redescendre dans les services), soyez bien conscient que les bonnes idées ne viennent pas toujours des cadres supérieurs. Qu'il s'agisse d'un nouveau projet à lancer ou de pratiques courantes au sein de votre structure, invitez vos collaborateurs à faire remonter leurs idées : ils se sentiront ainsi valorisés et plus impliqués dans leur mission. En revanche, veillez bien à donner suite à leurs propositions, que ce soit pour abonder dans le sens de vos équipes ou pour mettre un frein à leurs ambitions. Si vous vous contentez de poser des questions sans écouter les réponses, vous passerez pour un hypocrite débonnaire mais peu efficace.

Et pour favoriser les échanges, n'hésitez pas à vous interrompre vous-même. Évidemment, ne procédez pas ainsi lors d'un discours en public, mais vous pouvez le faire sans problème au cours d'une réunion ou d'un entretien individuel. Posez les règles de l'échange et encouragez les participants à s'exprimer. L'idéal est de désigner un secrétaire de séance qui fera un compte rendu et une synthèse des idées proposées... Ensuite, informez votre *staff* de la suite ou de la finalité de vos échanges.

Encourager ses équipes

Au-delà de la motivation générale de vos équipes, vous devez encourager régulièrement vos collaborateurs à évoluer. Pour cela, vous devez d'abord établir (et maintenir) un climat de confiance dans votre organisation. Pour y parvenir, soyez vous-même digne de confiance et l'effet vertueux sera contagieux : tenez vos engagements, restez constant, faites preuve d'indulgence et de transparence. En établissant une ambiance de travail respectueuse de chacun et sincère avec tous, vous disposerez d'un terreau fertile pour tenir un discours de responsabilité à vos équipes. L'objectif ? Rendre votre structure plus efficace en passant par trois étapes : autonomiser, déléguer et favoriser l'esprit d'initiative.

Pour rendre vos collaborateurs plus autonomes, vous devez les encourager à prendre des décisions par eux-mêmes. Mais soyez conscient que si vous êtes rompu à l'exercice grâce à votre expérience, ce n'est pas forcément le cas de tout le monde. Vous devez donc dédramatiser la prise de décision, au besoin en maniant l'humour. Faites comprendre à votre staff que vous comprenez ses éventuelles réticences et ses inquiétudes (peur de se tromper, peur de déplaire, peur d'être jugé...) mais expliquez aussi que le droit à l'erreur existe. Pour détendre l'atmosphère, vous pouvez citer cette anecdote de Thomas Watson, l'ancien patron d'IBM : *« Récemment, on m'a demandé si j'allais renvoyer un collaborateur ayant fait une erreur qui a coûté 600 000 dollars à l'entreprise. Non, ai-je répondu, je viens juste de dépenser 600 000 dollars pour le former ! »* Éventuellement, précisez que vous préféreriez ne pas avoir à dépenser autant d'argent pour un certificat d'études…

En ce qui concerne la délégation, c'est un sujet plus délicat. Résistez à la tentation de tout faire et de vous attarder sur les détails ; vous dégagerez ainsi du temps pour les missions stratégiques propres à votre fonction managériale. Mais là aussi, vous devrez rassurer vos collaborateurs car tout le monde n'est pas forcément disposé à prendre plus de responsabilités. Déterminez donc clairement le champ de la délégation, fixez la mission et les objectifs poursuivis et ne lésinez pas sur les encouragements. Une motivation tenace remplace parfois efficacement les années d'expérience !

Enfin, mobilisez le potentiel de vos équipes en favorisant l'esprit d'initiative. Pour éviter de perdre le contrôle, soyez aussi concret que transparent. Définissez le périmètre d'initiative de chacun et déterminez-en les modalités ainsi que les procédures d'évaluation. Challengez votre *staff* : demandez-lui de vous surprendre, encouragez-le à innover. Et bien sûr, acceptez d'agir en conséquence lorsque cela se produit…

Conclusion

Le syndrome de la page blanche ?

Maintenant que vous avez toutes les clés en main, n'attendez plus : saisissez votre clavier ou votre stylo et passez à l'action. Vous connaissez le proverbe qui dit que c'est en forgeant qu'on devient forgeron ? Eh bien Raymond Queneau faisait également remarquer que « c'est en écrivant qu'on devient écriveron. » Donc lancez-vous !

Comme pour de nombreuses activités créatives, la rédaction d'un discours est particulièrement sujette à la procrastination, cette tendance à remettre systématiquement à plus tard ce qui devrait (et pourrait) être fait dans l'instant en s'inventant des excuses comme le fait de manquer d'inspiration, d'être plus efficace dans l'urgence ou d'avoir besoin de s'aérer le cerveau. *Bullshit.* La page blanche n'existe que dans l'esprit de celui qui l'invoque.

Lorsque vous devez engueuler votre voisin, féliciter vos enfants ou encourager vos amis, vous ne connaissez pas le syndrome de la page blanche. Il en va rigoureusement de même lorsque vous devez préparer un discours. Qu'il s'agisse de remettre une médaille à un compagnon associatif, de prononcer un message d'amitié lors d'un mariage ou de célébrer la réussite de votre équipe de foot, arrêtez donc de vous faire des nœuds au ventre et dites tout simplement ce que vous avez à dire.

Si vraiment vous ne voyez pas quoi écrire, la pirouette est simple : enregistrez-vous pendant que vous parlez. Si la page blanche est un mythe bien ancré, on ne connait encore personne qui a souffert d'une gorge blanche l'empêchant de parler ! Et si vous avez peur de mal faire, peu importe puisqu'il s'agit d'un travail préparatoire et non d'une prestation finale. Personne ne viendra fouiller dans votre poubelle pour se moquer de vos brouillons, donc notez toutes vos idées et faites le tri plus tard.

Et qui sait ? Vous finirez peut-être par aimer ça et par écrire le discours de vos amis... ou de vos clients.

Bonus

On se retrouve sur Internet ?

Ce livre ne se limite pas au petit opus que vous avez entre les mains. Faute de temps, faute de place, plusieurs éléments n'ont pu y figurer. Mais nous vivons une époque moderne où rien ne se perd puisque (presque) rien ne se crée, les joies du numérique permettant de (presque) tout conserver !

Je vous invite donc à vous rendre sur www.remi-raher.com pour y découvrir tout ce que vous n'avez pas pu lire dans ces pages… et bien plus encore ;-)

Envie d'aller plus loin et de prendre la parole ?

ORATEUR

Comment parler en public, faire un discours et devenir charismatique

En vente sur Amazon :
http://www.amazon.fr/dp/B017GG24DQ/

CPSIA information can be obtained at www.ICGtesting.com
Printed in the USA
BVOW06s1435070316

439351BV00027B/386/P